本书为2023年湖南省职业院校教育教学改革研究项目“中职学校德育课程体系构建的实践研究”的研究和推广成果(课题号：ZJGB2023812)

向光生长　静待花开

——班主任德育案例集

主　编◇刘永红　丁敬文
主　审◇周树明
副主编◇邓玉蓉　李荣斌　胡贵树　李　冰
编　委◇朱鸿博　朱腊英　张　瑛　肖媛媛
罗雅静　郑　玥　林熙乔　胡悦玥
黄　麟　曾雪瑶　蔡　娜　廖争艳
胡　坚

中南大學出版社
www.csupress.com.cn
·长沙·

图书在版编目(CIP)数据

向光生长 静待花开：班主任德育案例集 / 刘永红，丁敬文主编. --长沙：中南大学出版社，2024.9.

ISBN 978-7-5487-6034-4

Ⅰ. G451.6

中国国家版本馆 CIP 数据核字第 2024HG2063 号

向光生长 静待花开

——班主任德育案例集

XIANGGUANG SHENGZHANG JINGDAI HUAKAI

——BANZHUREN DEYU ANLIJI

刘永红 丁敬文 主编

□**出 版 人** 林绵优
□**责任编辑** 胡小锋
□**责任印制** 唐 曦
□**出版发行** 中南大学出版社
社址：长沙市麓山南路 邮编：410083
发行科电话：0731-88876770 传真：0731-88710482
□**印 装** 长沙印通印刷有限公司

□**开 本** 710 mm×1000 mm 1/16 □**印张** 11 □**字数** 197 千字
□**版 次** 2024 年 9 月第 1 版 □**印次** 2024 年 9 月第 1 次印刷
□**书 号** ISBN 978-7-5487-6034-4
□**定 价** 58.00 元

序言

PREFACE

育人为本，德育为先。德育是构建德智体美劳全面培养的教育体系的重要组成部分，在落实立德树人、培育时代新人中发挥着举足轻重的作用。党的十八大以来，以习近平同志为核心的党中央，立足中国特色社会主义新时代，把立德树人作为教育的根本任务，并把立德树人融入思想道德教育、文化知识教育、社会实践教育各环节，贯穿基础教育、职业教育、高等教育各领域，体现到学科体系、教学体系、教材体系、管理体系建设各方面，培根铸魂、启智润心。

潜心德育，力求精进。为深入贯彻落实立德树人根本任务，提升德育工作的专业水平和整体素质，长沙市电子工业学校秉承“文行忠信”的校训，秉承“让每一个孩子在自己的赛道上奋力奔跑”的办学理念，以“培育德育为先，人格为本，理实并重，技能精湛的实用人才”为培养目标，采取了一系列独具特色的德育管理举措。如构建“五自三阶”德育课程体系达成“三全”育人目标；成立“李冰”名班主任工作室，开展“青蓝工程”助力班主任成长；以“电亮青春”为平台开展各类活动，打造实践活动育人品牌；积极推动“三色光电”学生社团发展，帮助学生培养兴趣爱好，愉悦成长。

他山之石，可以攻玉。本书精选了40篇班主任德育实践中的典型案例，都是中职班主任的真实实践和深刻反思，内容涵盖如何成为一位优秀的班主任、如何构建行之有效的班级规范、如何有效应对突发事件、如何与家长进行有效沟通等多个方面。本书旨在通过这些记录师生成长历程的文字，给同行们提供一点思考和借鉴，让那一方育人的肥沃土壤发新芽、吐新叶、抽新枝、绽新花，枝繁叶茂、布满青山。让我们携手一起在职业教育的道路上互相支持、共同成长。

愿大家早日成为“学生为学、为事、为人的‘大先生’”。

作者

2024 年 7 月

目录

CONTENTS

第一篇　散发光　班级管理的智慧和情怀

第二篇　点亮光　为学生拨开成长的迷雾

第三篇　成为光　班主任自我修炼与成长

第一篇

散发光

班级管理的智慧和情怀

01

问题有计可消除，怒下眉头，爱上心头

张瑛

背景描述

某位学生在《我眼中的张老师》作文片段中写道：

在一条宁静的走廊上，一阵冷风突然掠过，那个风一般的女子急速向2314教室跑来。李同学，作为班级的放哨员，第一时间感受到了来自她的压迫感，立即响起一阵咳嗽声，向同学们发出警报。那些没能躲过她如鹰眼般锐利视线的可怜孩子，一抬头便迎上了那双瞪得如铜铃般的眼睛。她的嘴巴仿佛可以吞噬一切，双手则犹如猛虎的利爪，令人望而生畏。每天，我们班都在上演草原上老鹰抓兔子的戏码。

这种被学生形容为“令人望而生畏”的形象，并非我作为班主任所追求的。在日常的班级管理中，我时常陷入矛盾与挣扎：一方面，我渴望通过严格的管理规范学生的行为；另一方面，我又深知，简单的怒吼与犀利的眼神并不能真正触及学生的心灵，更无法从根本上改变他们的行为习惯。面对这样的困境，我深刻反思了自己的教育方式，并逐渐意识到，德育工作的核心在于“心”的交流与引导，而非外在的强制与压迫。我开始努力克制自己的暴躁情绪，转而以更加平和、耐心和充满爱意的态度去对待每一位学生。下面，我将详述如何将“怒下眉头，爱上心头”的核心教育哲学，艺术性地融入日常班级管理的细节与实践中。

解决策略与方法

一、深入人心，做有温度的老师

（一）注重诵读，以文化人

面对学生早读时的无精打采，我采取了一系列创新措施：首先，我精心挑选早读内容，确保其既有趣味性又能启迪心智；其次，我要求学生捧书站立，以端正的姿态迎接清晨的第一缕阳光；再次，老师亲自领读，以饱满的热情感染每一位学生；最后，通过读中检测，及时反馈，确保每位学生都能融入其中，享受阅读的乐趣。此外，为营造积极向上的班级氛围，我们精心设计了多样化的班级文化墙。其中，“夸夸墙”尤为引人注目，它让学生通过互写“夸夸信”，发现并欣赏彼此的优点，从而重拾自信，摆脱中考失利的阴霾。另外，班内还设立了图书角，让学生尽情享受阅读带来的乐趣。而优秀作业展示区，则是对学生努力与进步的最好肯定，激励他们持续追求卓越。

（二）亦师亦友，共筑和谐

要真正走进学生的内心，必须了解他们的兴趣爱好与情感需求。因此，我常在课间与学生一同参加体育活动，记录他们的欢声笑语。在社交媒体上，我也以轻松幽默的方式与他们交流，让彼此的心灵更加贴近。通过这些日常的互动，我与学生之间建立了深厚的师生情谊。在备考期间，我会变成学生，并虚心向他们请教。这种角色转换不仅让学生感受到了被尊重与信任，也让他们体验到了“教”的乐趣与成就感。而我，则在不断的学习中收获了新知，实现了教学相长。

（三）适时激励，延时批评

“数子十过，不如奖子一长。”在日常教学中，我时刻关注学生的闪光点，及时给予表扬与肯定，让他们感受到成功的喜悦与自我价值的实现。对于学生的错误与不足，我则采取延时批评的策略，给予他们足够的时间进行自我反思与修正。通过自我反思，学生也能够更加深刻地认识到自己的错误，并找到改进的方向。

二、完善管理，做有深度的老师

陶行知先生曾深刻指出：“最好的教育是教育学生自己做好自己的先生。”这一观点成为我管理班级的核心理念。

（一）明确分工，责任到人

1. 纵向管理：班委引领常规

学期初，我设计了班委意向调查表，鼓励学生根据自身兴趣与能力竞选职位，并阐述竞选理由及优势。通过实习期观察与评估，确保每位班委都能胜任其岗位。随后，成立班委会监督小组，负责监督班委行为，确保其以身作则。我定期举办班委培训会，不仅传授管理技巧，还强调职责意识与服务意识。随着班委能力的日益提高，我逐渐放手，让他们自主管理班级事务，并在学生群体中树立威信，成为班级管理的中坚力量。

2. 横向协作：小组促进学业

为激发学生学习主动性，我推行了小组合作与积分制奖惩机制。通过小组合作，学生不仅能在学习中相互帮助，还能在竞争中共同进步。这种机制有效地将教育重心由教师转向了学生，实现了以生为本的教育理念，为学生提供了更广阔的自我展示与发展空间。

（二）活动驱动，凝聚集体力量

活动是培养学生集体荣誉感与协作精神的重要途径。从开学之初的自我介绍视频制作，到国庆期间的假期 vlog 分享，再到“爱不闲置，情满冬日”爱心义卖活动……每一次活动都凝聚了学生的心血与汗水，不仅调动了学生的学习积极性，更在无形中促进了班级凝聚力的形成与提升。

三、家校共育，做有广度的老师

家校合作不仅是学生成长的加速器，更是构建和谐教育生态的重要基石。我积极探索并实践多种家校共育路径，以期为学生营造更加全面、立体的成长环境。

（一）家委会：携手共筑教育桥梁

家委会成员各司其职，不仅负责班费管理、物资采购等具体事务，还积极参与班级活动的策划与执行，为学生的成长提供了坚实的支持与保障。

（二）家校沟通：搭建心灵桥梁，传递温情

除了日常的电话、短信交流外，我还定期在家长群中分享学生在校的学习与生活情况，并积极策划组织了多项亲子活动，如“暖风知我意，家书传温情”书信交流、“陪伴，绽放爱与快乐——爸妈陪你过周末”等，旨在增进家庭成员之间的情感联系，促进家校之间的和谐与默契。

（三）寒暑假共读共行：家校联动，打卡成长

我创新性地推出了寒暑假“共读共行”打卡活动，鼓励学生、家长与老师一同参与，通过共同阅读书籍、完成体育锻炼或社会实践任务等方式，记录并分享成长点滴。活动期间，我们设立了线上打卡平台，方便大家记录自己的成长轨迹，并相互鼓励、相互学习。

总结反思

起初，我以严厉的老师形象出现在学生面前，试图用严格的管理快速构建班级秩序，却发现这种“怒上眉头”的方式并未触及学生的心灵深处，反而压抑了他们的个性与潜能。经过不断的自我反省与实践探索，我深刻认识到，“爱与成长”才是教育的本质所在。从注重诵读、班级文化建设到与学生建立亦师亦友的关系，每一步都渗透着我对学生个体的尊重与理解。我发现，当情感的纽带建立起来时，学生的改变是显著的，他们从一开始的畏惧与逃避，逐渐转变为积极主动地参与班级事务。这让我明白，教育的力量在于唤醒学生内心的热爱与潜能。

结合这一系列的实践与反思，我学会了如何在严格与宽容之间找到平衡，如何在规则与自由中寻找教育的最优解。最终，我的班级从“一地鸡毛”走向了井然有序，学生在爱的包围中，不仅学业进步，更重要的是学会了如何成为一个有责任感、有爱心、有创造力的人。这段经历让我知道，作为班主任，我的角色是引导者、支持者，更是爱的传递者。在爱与被爱中，我和学生共同成长，共同见证了一段段美好的教育故事。

02

中职德育选班干部的原则和感悟

张妮

背景描述

《管子》云："一年之计，莫如树谷；十年之计，莫如树木；终身之计，莫如树人。"我们常说"十年树木，百年树人"，树人，非一朝一夕之事，教育乃是长久之计。我们所带的班级正如一棵树，一个优秀班集体的形成不是一蹴而就的，而是需要班主任灌注和投入许多心血和精力去引导和培养的。

我作为班主任，也希望我的班级能成为一棵经受寒冬酷暑、风吹雨打后依旧枝繁叶茂的树！一棵完整的树由根、干、枝、叶等组成。想要一棵树保持活力，茁壮成长，必须要强其根，壮其干。而班级里的班干部就像一棵树的"树干"一样，具有至关重要的作用。

解决策略与方法

一、选拔班干部的三原则

班干部是班主任工作中的得力助手，也是班级管理的中坚力量，培养好并用好班干部，不仅能极大地减轻班主任的工作压力，还能最大限度地激发班干部的潜能。我在选拔班干部时主要遵从三个原则：想做事，会做事，敢做事。

（一）想做事：选拔热心积极的行动派

当班主任刚接管一个新班级，对学生缺乏深入了解却亟须选拔班干部以启动班级管理工作之际，班主任可借助军训契机及日常的课外活动，细致观察并掌握学生的基本概况。在此过程中，班主任要展现出敏锐的洞察力，辨认出那些活跃积极，特别是具备组织才能与个人特长的学生，并临时委以班干部职责。随后，通过深入的分析与考察，运用诸如竞争筛选与条件排除等方法，最终甄选出最合适的学生干部。

以我班吴同学为例，在军训期间，当教官组织集体学习军歌时，他挺身而出，自荐担任领唱及指挥，展现了一种勇于表现、积极进取的精神风貌。基于此及此后的一系列出色表现，他被正式任命为班长。随后一年多，吴同学凭借其出众的组织管理才能与个人魅力，有效地引领班级稳步进入了良性发展的轨道。

（二）会做事：培养脚踏实地的执行者

选拔完成后，紧接着便是对他们精细化的培育过程。应当注意到，新晋班干部在初始阶段或许满怀热忱与激情，但随时间推移，这份热忱与激情难免有所消减，自我管理亦可能有所松弛。针对这一普遍现象，我采取两项应对策略：一是赋予他们充足的成长空间，理解并接受成长的阶段性；二是针对不同岗位的特有职责，实施个别化的指导方案，采取面对面、一对一的教学方式，确保每位班干部都能获得精准的技能传授与指导。

以我班劳动委员唐同学为例，他性格持重，行事稳健，初担此职时，虽不免偶有疏漏，但在为期一周至两个月的密集辅导后，无论是离校放行条的领取、盖章、登记，还是离校放行条的发放等日常任务，他均能处理得既迅速又高效，表现出高度的责任感，大大减轻了我的管理负担。

（三）敢做事：保护正义敢为的领导者

班主任除了要选想做事、会做事的班委，更要选敢于做事的班委。班主任要大胆放权，把权力下放给班干部，实现学生自治，让班干部负责学生管理工作。而树立班干部的威信和形象，是促使班干部能大胆、创造性地进行工作的根本。它能激发班干部对班级工作的极大热情，同时也能激发他们的创造潜能。比如我们班的电教员汪同学，他是一位刚正不阿、仗义执言的好班干部。在班级成立之初，同学们对电教员职位认知不足，持轻视态度，汪同学主动承担班级纪律管理任务却遭遇了轻蔑与言语不敬。

针对这一事件，我适时在班级内部开展了教育活动，明确指出：在班主任缺席时，班干部的指令等同于班主任的意志，任何同学不得有顶撞或侮辱言行。同时，鼓励同学们对班干部的不当行为进行合理监督。自此以后，班委与同学间的摩擦显著减少，班级环境日益和谐，团结协作的氛围蔚然成风。班干部在得到班主任坚定的支持后，放下了顾虑，更加自信地履行职责，敢于直面并纠正班级不良风气，有效推动了班级的健康发展。

二、与班干部相处三个“一点”

当一个班集体的班委形成后，如何让这个班集体的“火车头”凝聚力不减反增呢？在我自己班主任的实际工作中，是从以下三个“一点”来和班干部相处的。

（一）原则问题“严一点”

谚语有云：“无规矩不成方圆。”班级治理中，针对班级规章制度及校园纪律准则等原则性事项，我对班干部的管理尤为严格。针对班干部违纪行为，实行每月操行评分的双倍扣罚机制，旨在促进其个人品行与学业习惯的良性发展，深化其纪律观念，增强其集体意识。

（二）班级活动“放一点”

鉴于当前中职学校课外文体活动的多元化，作为班主任，我深谙活动组织与管理的重要性，因此秉持放手原则，激励班干部勇于创新，自主策划。在他们提出初步方案基础上，我仅提供必要的指导与建议，避免直接干预，以此激发班干部的主动性和创新潜能，让活动更具新意与活力。

（三）日常相处“暖一点”

日常管理中，尽管我保持严格，但在与班干部的日常交往中，我倾向于建立一种平等友好、如朋友般的关系。通过温暖和谐的相处模式，缩短师生心理距离，间接掌握班级学生的思想动态，为后续教育工作铺设基石。针对班干部个性差异，采取个性化互动策略，确保每位班干部都能感受到来自教师的关怀与理解，从而在心灵层面增强其对班级的归属感与服务意愿，为班级工作的持续进展创造有利条件。

总结反思

一、重视“树干”的选拔与培养

班干部作为班级中的“树干”，对于整个班级的稳定和发展具有至关重要的作用。班主任在选拔和培养班干部时要注重全面考察，确保他们能够胜任这一重要角色。

二、强化德育的内在浸润

德育是教育的根本任务之一。在培养班干部时，班主任要注重德育的渗透，让“树干”更加稳固、健康。

三、发挥“树干”的引领作用

班干部作为班级这棵大树的“树干”，应该成为同学们的榜样。班主任要让他们发挥引领作用，让他们带动整个班级向更好的方向发展。当然，用好班干部绝非一日之功，需要班主任在实际工作中不断摸索、实践，还要理论联系实际，切实从每个班的学生特点出发，创造性地开展工作。

世间万物，成长的姿态最为动人。班集体与班干部队伍的构建、磨合乃至默契的形成，无不是一段充满挑战与进步的成长旅程。成长不仅意味着向阳而生的积极追求，更在于深层次的根基稳固——“向下”的耕耘同样不可忽视。因此，我对班干部寄予厚望：无论职位高低，皆需专注于岗位上的细微之处，脚踏实地，步步为营，通过每一项小事的精进，汇聚成团队间相互扶持、共同攀登的力量。正是这种深厚的根基与不懈的“向下”耕耘，构筑了班级稳定、发展的坚实基石。唯有根深，方能叶茂，班干部的每一次扎实前行，都是班级这棵大树繁花似锦的源泉。

03

中职班主任德育教育中"管育并重"模式的实践

彭秋萍

背景描述

中职学校的德育教育在提升学生的综合素质和思想认识方面发挥着重要作用，所以教师要结合学生的实际学习情况和整体素质开展德育教育。而在开展德育教育时，要积极转变自身传统的管理观念，通过创新德育教育方式来实现教育目标。笔者针对中职班主任德育教育中"管育并重"模式应用展开研究分析。

中职学校德育教育对提高学生的综合素质和道德品质有重要作用。中职学校的德育教育受到学生实际学习情况和教育方式的影响，导致德育教育效果不理想，本文针对中职学校班主任德育教育工作现状以及存在的重管轻育、对德育教育认识的偏差、难以对学生进行正确引导等问题进行分析，并针对"管育并重"模式在中职班主任德育工作中的实践应用提出应用策略，希望对中职学校德育教育有所启发。

解决策略与方法

一、分析原因

(一) 重管轻育的管理模式

随着中职学校教育不断发展，以及教育事业改革不断深化，中职学校也取得了一定的发展成就。一般来说，中职学校的学生主要是一些中考落榜、未能进入理想高中的学生，所以在实际的教育过程中需要结合相应的管理机制和制度对学生进行管理。但是在实际的管理过程中，部分班主任往往更加注重对学生的制度管理，忽视了对学生的德育教育管理，这在一定程度上影响实际的德育教育质量。

（二）班主任对德育教育认识的偏差

德育是指对学生进行道德品质教育，旨在培养和提高学生思想道德水平。德育教育在中职学校的管理工作中具有重要作用，然而部分中职学校的教师往往过于关注学生的实际学习成绩，将教学重心放在了理论知识教育上，忽视了对学生的道德品质教育。而实际上，道德品质教育与理论知识教育同样重要，只有将理论知识教育与道德品质教育有机地结合在一起，才能够更好地提升学生的思想认识，增强其理论知识掌握能力，进而全面提高学生的综合素质。

（三）难以对学生进行正确的引导

在中职学校的教学过程中，需要借助相关量化方式对学生的道德品质教育情况进行分析总结和考核，但由于实际的教学方式差异，教师往往难以抽出充足的时间对学生进行全面而系统的考核，从而忽视了对学生道德品质教育的考核评价。教师往往组织班级干部对学生进行相关考核，结果的准确性会受到班级干部的个人主观意识影响，导致学生的实际综合考核结果的准确性受到影响，也导致学生的行为规范意识和道德品质提升受到影响。

二、解决方法

（一）加强对德育教育的认识

中职学校开展德育教育时，教师要明确德育教育的重要意义和作用，并将学生的实际学习情况和教学工作计划有机地结合在一起。要加强对德育教育的认识，明确德育教育的具体教学目标，通过对学生的综合学习情况进行分析，教师应有序执行德育教育教学计划，为学生创造德育教育实践的机会，从而更好地保证学生在日常学习中能够获得更多的安全保障。

(二)注重实践活动与理论教育相结合

中职学校的教育对学生后续进入社会工作有重要作用，所以教师要结合学生的实际情况加强学生的职业意识和社会意识的培养。教师要注重学生责任意识的激发，让学生在实践活动中有效地完成活动目标；组织学生进行相应的交流和沟通，培养学生的团队交流和协作意识，并有效改变学生自由散漫的学习意识；培养学生良好的道德品质，提高学生的思想认识，更好地促进学生综合发展，为他们未来的职业生涯奠定坚实的基础。

(三)坚持“管”与“育”结合的德育教育

在中职学校的教学过程中，开展德育教育不仅要将“管”与“育”结合在一起，还要将“育”真切地落实到具体的行动中。教师应用“管育并重”模式时，要注重对“育”和“管”的科学认识，坚持以“育”为中心，将“管”与“育”有机地结合在一起，根据管理的严格规范性和教育的层次分明特点，开展“管”“育”相结合的教育。针对具体的学生情况，要做到科学合理的分析，把握学生的心理特点，有序将德育落实到实践活动中。针对一些违反规章制度的学生，教师不仅要进行批评，还要做好教育引导工作，让学生真切地了解自己的错误所在，并有效改正自己的行为，从而提升德育教育质量和效果。

(四)建立德育资源的管理机制

中职学校开展德育教育要注重对相关师资资源和德育教学资源以及社会德育资源的优化整合。通过对德育教学制度的完善，不断完善德育教学资源配置，更好地提高教师德育教育质量。另外中职学校要针对学生的具体教学情况开展相应的培训工作，提高教师的德育认识和专业德育知识，以便教师更好地开展德育教育。中职学校还可以开设专业德育课程，邀请专业的心理学家对教师进行德育教育，不断提高教师德育水平。

总结反思

总体来说，中职学校德育教育对提高学生的综合素质和道德品质有重要作用。结合中职学校班主任德育教育中存在的重管轻育、对德育教育认识的偏差以及难以对学生进行正确引导等问题，应加强班主任对德育教育的认识，注重实践活动与理论教育相结合，坚持“管”与“育”相结合的德育教育，建立德育资源的管理机制，不断提高实际的德育教育质量。

04

新组合班级德育管理的创新实践与反思

杨阳

背景描述

随着教育改革的深入，班级重组成为高中阶段常见的现象，尤其是在学年转换的关键时期。本案例中的班级由四个班级平均分配组成，面临着成员陌生、凝聚力缺失、纪律松懈等典型问题，尤其是55人的班级中女学生占绝大多数(50名女生，5名男生)，这一情况也进一步加剧了管理难度。如何在短时间内整合资源、调动学生积极性，并建立良好的班级文化，成了亟待解决的问题。

解决策略与方法

在班级初建阶段，学生们表现出强烈的小圈子倾向，鲜有主动融入集体事务的热情，导致班级状态宛如一盘散沙，接踵而至的纪律松弛、环境卫生欠佳及学习动力不足等成了迫切需要解决的问题。面对这一复杂局面，我果断采取了一系列针对性策略，旨在通过构建一个高效的班级管理体系，唤醒学生内心的主人公意识，激发他们的自我管理潜力，从而逐步扭转班级风气，营造一个积极向上的学习与生活环境。

一、分析原因

(一)组合班级文化融合障碍

该班级由四个班级均衡合并而成，每个学生都携带着原班级独有的文化和行为习惯，这种多样性虽有利于文化交流，却也造成了初步融合的障碍。不同群体间的习惯差异和潜在的小圈子文化，使得班级在成立初期难以形成统一的行为规范和集体认同。

(二)性别比例失衡

班级内部呈现出显著的性别比例失衡现象，女生人数显著超过男生。这一特殊配置带来了独特的管理情境，其中大部分女生展现出积极主动、主意多样的性格特点。这种性别比例不仅要求管理策略高度敏感于性别差异，还要求巧妙利用女生群体中的积极能量，同时确保男生的声音不被忽视。

(三)归属感与认同感缺失

由于班级成员间缺乏足够的互动和了解，新班级在建立之初难以快速形成强烈的集体归属感。学生彼此间的信任基础薄弱，对于班级目标和价值观念尚未形成共识，这直接导致了学生对新班级的认同感较低，影响了新班级凝聚力的形成。

(四)班干部管理存在真空期

在班干部选举前的过渡期，班级管理出现了无序状态，缺少固定的核心管理团队来引导班级日常运作。这一时期的无序状态不仅体现在班级纪律差和卫生维护差上，更深层次地反映在学生行为迷茫和责任推诿现象上。

二、解决策略

(一)共创班级规范体系

我通过精心组织班会活动，鼓励学生深度反思个人与集体的关系，激发其对班级文化共同塑造的愿望。在此基础上，师生协作制订了全面而细致的班规，内容覆盖学习纪律、环境卫生、团队合作等多个维度，确保班规既符合学校总体要求，又贴近学生实际需求。我还引入正面激励机制，例如设立“优秀小组奖”，表现突出的小组成员可获得诸如免除一周值日等实际权益，以此引导学生自觉遵守班规，培养其责任感与荣誉感。

（二）深化学生主体性作用

为了加强学生的自我管理能力，对班级管理层进行了明确的职责划分，实行责任制。班长被赋予维护晚自习纪律的重任，确保学习环境的宁静；学习委员主导周测安排，监测学习进度；宣传委员则负责创意设计黑板报，营造积极向上的班级氛围。此外，通过限制课桌上书籍摆放的数量，减少分心因素，提升学生课堂专注力；通过在班级内部建立多个互助小组，让每组成员跨越原班级界限，促进同学间的相互了解与支持，增强班级整体的凝聚力和向心力。

（三）构建科学的 KPI 监督体系

为确保管理制度的有效运行，班级引入了关键绩效指标（KPI）监督体系，设定可量化、可追踪的管理指标，例如晚自习纪律监督要求每晚至少有 5 例违规情况记录，若未达标，相关班级干部将接受进一步的培训，或通过视频监控进行管理效果的复查。此机制既强化了班干部的执行力，又通过客观数据减少主观判断带来的管理弹性，保证了管理制度的公正性和有效性，从而在维护班级秩序的同时，培养了学生对规则的尊重和对自我管理重要性的认识。

总结反思

虽然采取的系列管理措施在很大程度上推动了班级向良性发展，班级风貌与学生行为习惯有了显著改善，使班级步入了一个更为有序和高效的轨道，但在实践中也显现出一些待优化之处，具体表现如下。

一、KPI 监督体系指标的灵活性与教师负担问题

在实施 KPI 监督体系过程中，部分指标设定较为刚性，如周背诵抽查的具体操作方式引发了学生为达成目标而集中找教师背诵的现象，无形中加重了教师的工作负担。这一情况提示我们，KPI 监督体系指标的设计不仅要追求效率

与成果，还需兼顾实施过程的人文关怀与教师资源的合理配置，在实际执行过程中可以探索更为灵活的考核方式，如采用分时段预约制或同伴互查机制，既减轻教师负担，又培养学生的自主学习与合作能力。

二、奖励机制的平衡与导向性调整

现行奖励制度中的周三放学后的手机自由使用权，虽在短期内极大提升了学生遵守规则的积极性，但从长远看，缺乏对学生健康使用手机的正确引导，可能潜藏依赖性增强、注意力分散等风险。因此，优化奖励机制势在必行，建议增设与身心健康、综合素质提升相关的奖励项目，比如评选“数字健康小卫士”，鼓励学生限制手机使用时间，参与体育锻炼或阅读计划，并通过家长会等形式，加强家校合作，共同指导学生形成健康的数字生活习惯。

经过一系列精心策划和不懈努力，我所管理的这个特殊的新班级逐渐从最初的混乱走向有序，班级氛围和学生行为习惯的转变让我深感欣慰。我们共同经历的不仅是班级风貌重塑的过程，更是学生自我认知与集体精神成长的过程。这次管理实践让我深刻体会到，作为班主任，我既是班级秩序的维护者，也是学生品格与习惯养成的引导者。我将继续探索和实践，致力于创建一个既严谨又充满温情的班级环境，让每位学生都能在其中找到归属感，共同促使班级向着更加健康、积极的方向发展。

05

用烹饪“开水白菜”之心，培育“大国工匠”之魂

熊金艳

“燕子去了，有再来的时候；杨柳枯了，有再青的时候。”初为人师，在教坛上上演着自己的教育教学故事，许多都已随着时间的流逝而渐渐淡忘，可也有一些如同树根一样深深地扎在了我的心上。虽不曾惊天动地，但仍历历在目，感悟至深。

背景描述

2016 年 8 月盛夏，还沉溺于快乐暑假的我，在接到部门紧急通知，告知我将担任我校中高职衔接五年制大专班 1607 班班主任一职后，夜不能寐，想想自己将和一群既没有升学压力又没有就业压力的学生共度自己美好的青春年华时，内心十分忐忑。

没有过多的时间允许我“仰天长啸”，新生军训的脚步已悄然来临。面对一个个由父母带领或是爷爷奶奶做伴，甚至祖孙三代一同来学校报到的新进高中生，我深深感受到这群孩子的“不简单”。他们是父母的掌上明珠，是爷爷奶奶的心肝宝贝，一双双稚气未脱的眼睛充满了对新环境的好奇。鉴于学生的现状，在军训期间，我一方面思考本班未来发展的定位和发展理念，另一方面加强与教官的交流沟通，初步了解学生们的身体素质和抗压、抗挫折能力。

解决策略与方法

经历军训的洗礼，在学校和教官的共同努力下，学生们的面貌焕然一新，他们逐渐褪去娇气，多了一分硬气。一些能力突出的学生也崭露头角，这为班干部队伍的组建提供了“苗子”。经过前期的思考和对学生状况的了解、分析，我明确了以秉承我校“文行忠信”校训为中心，以“讲文明、讲奉献，爱阅读、爱健康，勤学奋进，脚踏实地”为班级理念的班级管理目标。

在学校各部门的指导下，围绕班级理念，在班级管理、学风建设等方面，本班主要采取了以下措施。

一、细化常规管理，树立风清气正的班风班貌

要构建一个和谐、积极的学习环境，细化常规管理并树立风清气正的班风班貌是至关重要的。好的班级氛围不仅能够为学生提供一个安心学习与成长的土壤，还能激发他们的归属感与幸福感，促进每位学生全面发展。

为了实现“构建一个和谐、积极的学习环境”这一目标，首要任务是建立并维护一支高效、自律、作风优良的班干部队伍。这支队伍不仅是班级管理的中坚力量，更是班级风气的引领者和示范者。因此，常态化的班干部会议贯穿每个学期。根据学生科安排，针对每个学期、每个月的主题活动，召开班干部会议，集思广益，让班干部策划、组织、领导班级参与到学校的各项事务中来，鼓励班干部树先锋，做表率，发挥模范带头作用。通过深化常规管理、精心培育班干部队伍以及树立风清气正的班风班貌，我们可以为学生提供一个更加优质、和谐的学习环境。这样的环境将激励他们不断追求卓越、勇攀高峰，为未来的成长与发展奠定坚实的基础。

二、强化锐意进取意识，培养学生积极向上的“三观”

每学期由班委会组织全班同学开展积极向上、向善的课外活动，如“阳光校园，我们是好伙伴”班级趣味运动会、“迎新年”班级元旦文艺汇演、“篮球争霸赛”、“五月四日，我们的节日”等系列班级活动。

为丰富学生们的晚自习生活，假期我与学生家长沟通交流并一致赞同每学期开学前号召学生自行借阅或购买二至三本经典著作，开学报到时带回学校。

同学们利用周日至周四晚自习时间，在学习委员组织下共同阅读经典著作，并每天利用班级微信群进行阅读打卡。根据学生阅读量，每学期评选班级阅读之星。通过开展“爱阅读”活动，学生们的晚自习生活更加充实，自我表达能力和思维素养有了较大提升。

在深入观察学生们的课余生活与兴趣爱好，并广泛与家长进行沟通交流后，我深刻意识到本班学生中存在一个普遍现象——“宅”文化的盛行。这不仅体现在学生们周末及假期宅在家中沉迷于电子设备与网络世界，忽视了基本体育锻炼的重要性，还反映在他们与家庭成员之间缺乏积极的情感交流。家长们普遍表达了对于孩子身心健康状况的担忧，渴望孩子能够走出家门，拥抱自然，增强体质，同时增进亲子关系。

基于这一现状与家长们的殷切期望，本班积极响应，精心策划并启动了以“爱健康”为核心主题的阳光跑步计划。该计划旨在通过定期组织的户外跑步活动，促进学生们的身体健康，提高体能素质，更重要的是鼓励他们走出舒适区，享受运动带来的快乐与成就感，同时也为他们搭建起与家人共同参与活动的平台，增进亲子间的情感交流与理解。

该计划由体育委员负责，每周(一般每周四第七节课)组织学生围绕校园跑步 1 公里，学生根据自身情况调节跑步速度，完成规定跑量，并将跑步软件中的记录发送至班级微信群进行打卡，由体育委员对学生的运动情况进行记录。自“爱健康”阳光跑步活动开展以来，越来越多的学生开始放下手机，亲近自然，享受阳光，感悟生活，学生的体质也有所提升。

三、深化服务意识，提升学生服务社会、做良好公民的品德

学生在校期间，除了积极响应学校安排，参与校内各项活动外，每学期，以班团支部为核心，以班级全体团员为主力，积极组织全体同学开展“讲文明讲奉献”学雷锋系列活动，并利用假期开展“阳光假期”志愿服务主题团学活动，鼓励全班同学积极参与公益活动，号召全体学生践行社会主义核心价值观。

这些活动的持续开展，不仅增强了学生的社会责任感和公民意识，还促进了他们与社会的紧密联系，使他们更加深刻地理解了“奉献、友爱、互助、进步”的志愿精神。更重要的是，这些经历将成为他们人生旅途中宝贵的财富，激励他们在未来的道路上继续前行，为构建和谐社会贡献自己的力量。

总结反思

哲学家王阳明说过:“知善知恶是良知。”通过修养和实践,人们可以恢复和发扬自己心中的良知,从而达到更高的道德境界。我深感人民教师的责任就是点亮学生心中的灯,在工作中需要我们胸怀“爱心、耐心、信心”,培育学生形成良好的行为品德,引导学生树立积极向上、向善的“三观”,让学生在班级找到安全感、归属感和幸福感。

06

活动育德，润德无声

蔡娜

背景描述

高一开学不久，班级整体氛围比较沉闷，学生之间关系不太亲密，学生也不太愿意和老师沟通交流。有一次，学校开展班级合唱比赛，我让文娱委员组织、策划活动，文娱委员说："同学们都怕丢脸，不想参加活动，还有一部分同学说自己成绩不好，要搞学习……"此时，我发现班上学生参加集体活动的积极性不高，学生忽视了活动对于个人及集体的意义，导致班级凝聚力较弱，个别学生缺乏自信心。为加强学生集体意识，提升班级凝聚力，让学生从活动中获得自信，我借用活动契机给予学生肯定，让集体在活动中迸发生机。

解决策略与方法

一、分析原因

(一) 集体原因

该班级为2202班，所学专业为电子技术专业，有男生41人、女生15人，男生比例较大。男生晚熟，性格活泼但是缺乏目标，活动的开展与参与也处于无序状态。

(二)个人原因

部分学生，因为中考失败，就读职高而性格内向，缺乏自信，仅依靠学习成绩的提升来给予学生鼓励，机会太少，概率也很小。为了给学生搭建表现平台，提升自信心，必须丰富学生的校园生活，鼓励学生多多融入班级和学校活动，将德育融入活动中。

(三)认识偏差

德育工作是培养学生全面发展的关键工作之一。活动育人是德育工作中不可或缺的组成部分。中职学生对活动存在片面认识，觉得学校各类活动对于个人学习成长无意义，浪费学习时间，因此参与积极性不高。

二、解决策略

组织班级活动是班主任五大职责之一，也是班主任对学生进行教育的基本形式，可以说班级教育功能主要是在班级活动中实现的。

(一)有的放矢，树立目标

1. 明确班级宗旨

在建班之初，可以暂时拟定几个设想：想要塑造什么样的班级风貌？带领班级实现什么目标？学生能通过班级收获什么？学生在校除了收获知识，还应收获友谊和更多美好的回忆。基于班情分析后，拟定的班级宗旨是“阳光、快乐地学习”。学生积极参与适合自己的校园活动可以拉近彼此之间的距离，创造校园美好回忆。

2. 树立集体目标

引导学生树立班级荣誉感。无论哪个学生获得荣誉还是违反纪律，对班级都会有影响，可谓“一荣俱荣，一损俱损”。鼓励学生尽力通过活动去获得荣誉，为班级争光，也为自己喝彩。班主任应让学生知晓班级集体荣誉有哪些，例如每周流动红旗、每学期文明班级、五四红旗团支部等。

3. 拟定个人目标

鼓励学生参加不同的活动以丰富学习生活、获取荣誉。学生根据自己情况设置个人目标，不同特长的学生可以选择参加不同的活动。成绩优异者可以参与每学期的评奖评优；艺能丰富者可以积极参与体艺活动、志愿服务活动。

(二)乐在其中，构建机制

1. 建立班级俱乐部

基于校纪校规创建班级公约是每个班级必做的动作，但是班级公约会存在边际效用，即在实施初期，对学生的制约效果会比较好，并呈现班级整体风貌向上的状态，但是随着学生互相影响，或是其他因素影响，班级公约的制约效果会逐渐减弱。此时以活动为主的班级俱乐部则可起辅助作用，助力班级建设。本班建立了朗读俱乐部、征文俱乐部、学习俱乐部、宣传俱乐部等。

2. 规范例行活动

朗读俱乐部同学每周搜集美文，利用中午读报时间进行分享；征文俱乐部同学在“两报一文”和市校级征文比赛中自觉参与或者动员同学参与；学习俱乐部目前分语文、数学、英语小组，在课堂活动开展方面发挥重要作用；宣传俱乐部负责参与美术类、书画类、视频类活动。

(三)学有所获，依托阵地

1. 开展主题班会

依托主题班会这一德育主阵地，开展丰富多样的主题班会。例如安全教育类主题班会，让学生分组负责开展“防溺水安全”“食品安全”“交通安全”“防火防用电安全”等安全教育。学生利用课余时间搜集网络资料，分组开展宣讲，并设置有奖竞答环节，考查同学们的安全常识，将安全知识传达到位。又如感恩主题班会，提前设置问卷，学生与家长各填写一套，班会课通过分析学生与家长填写的问卷，提醒学生多多关心父母，加深孩子对父母的了解，感恩父母。每周一次的主题班会可以承载丰富的德育内容，不容小觑。主题班会通过学生自己的组织与开展，不仅成了学生缓解学习压力的途径，也成了学生参与活动的平台，在学中玩，在玩中学。

2. 善于记录

活动开展的过程育人也育己，活动结束后的记录与反思也必不可少。教师可以用手机记录学生学习、活动、生活的点滴，以拍照、制作 vlog、创建班级相册等方式记录学生的三年成长，为学生积累校园美好回忆。学生也可以通过周记，分享活动感受，反思参与经验。勤于记录，既可以从中观察学生的成长足迹，也有助于教师反思活动效果，以达到教学相长的目的。

总结反思

活动育人在这两年间对班级的影响巨大。

（一）增强班级凝聚力，塑造良好班风

班级连续三学期获得文明班集体，并获得党员示范班、五四红旗团支部等多项集体荣誉，学生积极参与到各类活动中来，半数以上的同学获得活动荣誉证书。学生通过活动强化了班级凝聚力，班级整体风貌乐观积极，常有老师公开表扬2202班的孩子拾金不昧、积极参与志愿活动的行为。健康班风逐渐形成，班风促进学风建设，营造了良好学习氛围。

（二）提升学生自信，让学生树立主人翁意识

各项活动的参与能激发学生潜能，提升自信。比如马同学多次获得征文比赛奖项，黄同学获得市级三好学生和基地图书馆颁发的“优秀志愿者”，罗同学多次站上学校舞台主持文艺活动……很多学生说自己初中时是一个“小透明”，什么也不敢，什么也不会，但是来到长沙市电子工业学校却能加入各类活动，拥有诸多平台。

（三）促进家庭和睦，加强家校沟通

学生通过活动让家长发现自己很优秀，家长也很感谢学校和教师为孩子提供机会，让自己发现孩子的闪光点，活动在一定程度上缓解了家庭矛盾，促进了家校互通。

育人先育德，只有重视学生自我意识，把学生作为教育的主体，让学生在各类活动的舞台上散发光芒，职业教育中的孩子才会真正获得成长。教师以活动育德，学生以活动育心，润德无声，育人育己，便是最好的教育。

07

浅谈“管”“育”结合的中职班主任德育工作

范砥

背景描述

一直以来，无论在哪个阶段的教育教学工作，学生的德育教育都是十分重要的教学内容。对于中职学校的班主任来说，除了要教授给学生基本的职业技能与专业的理论知识外，还应合理地渗透德育思想于职业教育工作中。中职班主任要明确自己的职责，结合中职学生的年龄特点，做好对学生的管理与教育工作，通过“管”与“育”的科学融合，发挥中职班主任的教育教学优势，促进中职学生健康向上的成长与发展。

结合目前中职学生的年龄来看，大多为青春期学生。十五六岁的中职学生虽然自认为已经长大，已具备一定的行为思想意识，但在实际的生活学习中，中职学生还不能完全掌控自己的情绪，不能确立正确的人生观，尤其是面对困难与挫折时，还不能很好地自我调节与应对。同时，处于青春期的中职学生，还有着强烈的自尊心，即使存在学习与思想的困惑，也不会主动向教师或他人进行表达，内心却希望得到他人的认可赞同，一旦出现错误的行为被教师管教时，又常怀以敌对的心理，非常反感教师的管束，带给中职班主任日常管理与教育工作诸多不便。

解决策略与方法

一、分析原因

（一）学生自身的问题

目前的中职学生，大多为性格叛逆的“00后”，这些学生从小在极致呵护中长大，养成了过于强势或过于自我的性格，缺乏对别人感受的考虑，一向以自我为中心。因此，在中职学校学习与生活中，一旦与同学产生稍许的摩擦，不能大度地理解与包容他人。在学习中也缺乏刻苦钻研的拼劲。面对班主任的教育与引导，有时会存在不予接受的态度，以至于形成了较为紧张的师生关系。

（二）班主任在教育管理中的问题

很多中职班主任在教学管理工作中，无法合理掌握德育教育的尺度。首先，部分班主任受传统教学模式的禁锢，认为在对学生的管理中需要建立严肃的形象，以保持班主任的威严，但是却没有跟上现代教学理念的步伐，忽视了教育管理中学生的主体作用，以至于没有顾及学生的真实感受，没有结合学生的实际情况来展开德育思想的渗透。另外，有些班主任对提倡的师生良好关系产生了误解，尤其是一些年轻班主任，与学生完全没有距离的言谈与互动，让学生毫无顾忌地我行我素，班主任也不以为意，导致学生许多不良的行为习惯恣意地滋生。

二、解决方法

（一）明确“管”“育”的意义

在中职学校的教学工作中，班主任要有意识地将德育内容合理地融入其中，实行“管”“育”结合的教学策略。但在执行此教学策略前，需要中职班主任充分认识到“管”“育”结合的意义。所谓“管”，是对学生的管理，也就是按照学校的各项校纪校规，来严格规范学生的言行。需要注意的是，作为新时代的班主任，应正确理解“管”“育”结合的意义，不可过于牵制学生，在合理管教学生的同时，也要尊重正处于青春期的学生的人身自由，给予学生合理的空间。

而“育”，即指在日常的学习与校园生活中，对学生的教育，通过寻找合适的时机，采取合适的教育方式。如不可直接简单地训骂，而应尊重学生，以朋友的身份与学生交流，了解学生的心理，引导学生重视校纪校规，帮助学生树立正确的人生观，以促进中职学生的道德涵养。

（二）用爱与耐心，转化问题学生

在中职学校中，很多学生由于本身成绩不佳，后来又因为各种不良环境的影响，养成了诸多不良行为，成了让班主任十分头疼的“问题学生”。例如，我班的李同学，因为其父母老来得子，故而将李同学视为掌中宝。由于家人的一味娇纵，让李同学形成了目中无人的性格。有次我发现他在学生宿舍抽烟，当时我火冒三丈，害怕他引起火灾，也怕他带坏其他同学，但看到他立刻熄灭了烟火，知道他还是不想被我当众训斥的，于是我强压住怒火，把他叫到我办公室。在与他谈话时，他还一直不承认所犯的错误，我也没被他这种蛮横不诚实的行为激怒，而是另辟“捷径”，采取软办法来管束他。对他说如果他承认错误并且改正，说明还是有“药”可救的，若是一意孤行，我也不再一味包容，将会上报学校给他应有的处分。同时，也顺势给他说明了抽烟的危害，为了个人的身体健康，为了整个宿舍人员的安全，必须管理好自己绝不能再抽烟。他在我的耐心引导下，终于放下自己的执念，看到他后面真的改掉了抽烟的坏习惯，我还鼓励他当班级的寄管会干事。想不到他得到莫大的“改过自新”的动力，不仅改掉了以前爱玩爱闹的坏习惯，还使学习成绩直线上升。

（三）在各项班级活动中，“管”“育”相结合地展开德育教育

处于青春期的中职学生，很容易被一些负面情绪，或是不良因素影响，出现叛逆不羁的行为。因此，中职班主任要从学校的管理制度出发，在各项班级管理活动中，发挥对学生的管理与教育作用。例如，我发现班上的小轩同学与同学交流期间脏话粗话频出，还不以为然。而小静同学性格孤僻，不喜与人交往，有时别的同学与他讲话时也不理不睬的。于是我将平时观察到的学生问题认真记录下来，利用每个星期固定的班会时间，展开相关主题教育。如在班会课上教学我国传统的礼仪之道，深化对交友之道、为人处世之道、“仁义礼智信”等方面的理解学习，并针对学生存在的相关问题进行适当的提醒，提升中职班主任的德育效果。

总结反思

未来社会的竞争，是属于高科技人才的竞争，同时也不能忽视人才的道德素养。中职学校的教学工作中，不能只是教授学生专业性的技能知识，还要强调对学生道德品质的培养。作为中职班主任，应明确自身职能的意义与作用，通过“管”“育”结合的德育教学模式，合理渗透对学生的德育教育，促进中职学生专业技能与道德素质的综合发展。

08

赋能学生突破职业迷茫期

——解决职业指导问题

郑　玥

背景描述

高二年级期中考试刚结束，此时同学们得知高三年级的学长学姐们正在参加就业实习招聘会。据了解，他们中有些人已经成功找到了心仪的工作，迈出了职业生涯的第一步，而另一些人顺利获得了继续深造的机会。

然而，对于即将升入高三年级的同学们来说，面对这样的信息，他们心中难免会感到迷茫和紧张。他们思考着：在这个人生的十字路口该如何做出选择？如何根据自己的兴趣、特长和未来的发展前景选择适合自己的专业岗位？今后，电子商务的专业发展方向又会是怎样的呢？与此同时，家长们也十分关注孩子接下来的发展方向，纷纷给班主任打电话、发信息表达自己的焦虑心情，咨询关于孩子接下来职业发展方向的问题，希望班主任能帮助孩子的未来规划提供一些有价值的建议。

解决策略与方法

一、分析原因

（一）内因：职业认知不足

由于高一和高二年级学生都是在学校学习，比起未来的职业目标，家长和学生更重视当下各科的分数，而对目前所学专业未来在社会中的意义不理解，对职业认知内容——职业技能要求认知、职业发展前景认知、职业环境认知、职业发展方向认知不充足，因为职业认知不足常导致学生无法正确选择专业发展方向而感到迷茫。这种迷茫也进一步影响到学生在校学习的状态。而生活与学习缺乏目标，不利于学生学习的开展与目标的达成。

(二)外因：缺乏有效的专业指导

随着社会发展，电子商务行业工作内容更新速度较快，学校专业课老师接受行业最新发展信息较滞后，重理论而轻实践，重授课而轻创新。面对快速发展与变化的社会环境，学校专业课老师无法根据专业在社会中的变更及时更新理念，为学生的职业困惑答疑，也不能更好地为学生提供专业的职业指导和咨询服务。这导致学生在出现职业困惑，在老师那里没有得到及时、有效的帮助和指导时，陷入迷茫，甚至在专业学习中产生退缩情绪。

(三)环境因素：家长与社会的压力

在社会层面上，随着就业竞争的日益激烈，人们对职业选择的关注度越来越高。然而，这种关注度往往伴随着对职业选择的过度干预和期望，给中职学生带来了不小的压力。在家庭层面上，家长往往希望孩子能够选择一份稳定、体面的工作，而这种期望有时与孩子的兴趣和特长并不相符，进一步加剧了他们的紧张和压力感。父母的期望，学生自己对专业学习、职业目标缺乏正确认知，双重压力容易击垮学生内心。

二、解决策略

(一)实践求知，组织开展活动

组织学生开展职业体验活动和主题班会，引导学生发扬“实践求知”精神，从实践中深化对职业的认知，提升职业素养，明确未来职业发展方向。

1. 职业体验活动

结合“五一”国际劳动节假期开展职业体验活动，组织学生分组体验电子商务相关的五个岗位，即网店运营、网店客服、网店美工、智能物流、直播电商，让学生深入了解不同岗位的工作职责和技能要求，在实践中提升其职业认知。

2. 职业主题班会

通过开展主题班会，为学生提供一个交流的舞台，让学生分享职业体验活动的经历和收获。在分享的过程中，学生互相学习，互相启发，老师进行思想引导，企业导师进行专业指导，家长代表进行鼓励支持，点燃学生的职业梦想。

3. 职业规划讲座

通过举办职业规划讲座、模拟招聘会等形式，帮助学生了解电商专业的发展前景和就业市场，激发他们追求职业梦想的热情。

(二)合力筑梦，沟通协调家企

通过与家长、企业的联系沟通，班主任能够更好地了解家庭和社会的需求和期望，为学生提供更加全面、深入的职业指导。

1. 校企交流

班主任走进本地企业，与电商相关企业负责人、人力资源负责人交流，了解企业用人需求，包括所需的专业技能、工作态度以及团队合作能力等。同时，邀请企业导师走进学校，为学生提供专业指导，班主任也向企业介绍学校的教育理念和学生的特点，为企业提供更多人才选择。

2. 家校沟通

召开家长会，走进学生家庭，通过面对面交流，家长能更好地了解学校教育工作，班主任也可向家长介绍学生在校表现及学习情况，为家长提供更多的教育建议。还可邀请家长代表参加主题班会，家长的鼓励和支持能激发学生的积极性和自信心。

(三)逐梦燃情，培养积极职业心理

通过问卷调查、个别访谈等方式，深入了解每个学生的职业理想与追求。在此基础上，为学生提供针对性的心理健康教育，引导他们正确看待职业选择，理解不同职业的特点和要求，树立正确的职业观念，培养积极的职业心理。

总结反思

上述策略实施一个月后，我发现学生的职业迷茫感得到了明显的缓解。他们通过体验活动和主题班会对电子商务专业的各个岗位有了更加深入的了解，

对未来职业发展方向也更加清晰。同时，家长和企业的参与也为学生提供了更多的支持和帮助，让他们更加有信心面对未来的职业挑战。

作为班主任，我有以下几点反思与启示。

一、倡导个性化成长，激发内在潜能

教育家斯宾塞曾言："教育中应着重于个人发展的鼓励。"职业规划始于自我认知，教师应当通过实践活动引领学生发现自身的优点与不足，确立清晰的职业目标。教师的角色更多在于引导而非单向传授，旨在激发学生的自主探索精神。

二、强化职业指导，促进全面发展

职业指导是班主任核心职责之一。组织职业体验小组活动，旨在促进学生间的交流与协作，深化对职业领域的多维理解。更重要的是，通过实践活动帮助学生构建个人职业愿景，实现自我价值的提升。

三、运用心理策略，助力学生应对未来挑战

面对学生对未来可能产生的不确定感和焦虑情绪，班主任需巧妙运用"皮格马利翁效应"。这包括对学生给予充分的信任和支持，鼓励他们参与职场实践，深入了解每个学生的内心世界，收集他们的梦想，并以正面的态度激励学生，推动其向更加积极的方向成长。

09

家校沟通大变身：解锁共赢新秘籍

李冰

背景描述

在日常教育工作中，教师常常会与家长进行沟通。以下是一个典型的家校沟通情景模拟：

小明近期在校表现不佳，频繁出现作业未完成、与同学冲突等问题，李老师决定邀请小明的母亲张女士来校面谈。

李老师：(面带微笑，主动招呼)张女士，您好！感谢您抽空来学校。今天请您来是想和您聊聊小明最近的一些情况。

张女士：(略显紧张)哦，好的，李老师。我最近也注意到他状态不太好，麻烦您跟我说说。

李老师：首先，我想先了解一下您在家观察到的小明的情况。比如，他晚上做作业的情况怎么样？有没有什么特别的情绪波动？

张女士：……(开始描述小明在家的表现)

解决策略与方法

一、分析原因

（一）精准透视家校沟通障碍点

通过情景模拟中的对话，我们可以初步识别出家校沟通中存在的问题：

(1)信息流通滞后，家长难窥日常全貌。家长往往在孩子出现问题后才被通知，缺乏对孩子日常表现的全面了解。

(2)反馈偏向负面，激励与表扬缺席。教师通常只反馈孩子的负面信息，忽视了正面鼓励和表扬。

(3)合力难求，家长防御心态筑高墙。家长在听到孩子的负面信息时，容易产生防御心理，难以与教师形成合力。

(4)策略匮乏，沟通陷入指责辩解循环。教师和家长在沟通中往往陷入指责和辩解的循环，无法真正找到问题的根源。

（二）深度挖掘家校沟通困境根源

(1)模式僵化，沟通以学校为中心。长期以来，家校沟通以学校为中心，家长处于被动接收信息的地位，缺乏主动性和参与感。

(2)理念分歧，教育路上难共鸣。教师和家长在教育理念上可能存在分歧，导致在沟通过程中产生矛盾。

(3)技巧缺失，言语交锋失分寸。教师和家长都可能缺乏有效的沟通技巧，无法准确表达自己的观点和感受。

(4)目标短视，长远发展缺共识。教师和家长在沟通中往往只关注眼前的问题，缺乏对学生长远发展的共同规划和目标。

二、解决策略

针对上述问题及其原因，我们可以采取以下策略来改进家校沟通。

（一）建立常态机制，畅通家校联系渠道

学校应建立定期的家校沟通渠道，如家长会、家访等，让家长及时了解孩子的在校表现，同时教师也能获取孩子在家的信息。

（二）共塑教育理念，携手构建家校共识

教师和家长应树立共同的教育理念，认识到家校沟通的重要性。在沟通过程中，应注重平等、尊重和合作，避免指责和批评。

（三）强化沟通技巧，提升交流艺术水平

教师可以通过培训和学习来提高自己的沟通技能，如倾听、表达、提问等。同时，家长也可以通过阅读书籍、参加讲座等方式学习沟通技巧。

（四）深挖“真问题”，触及行为根源

在沟通中，教师应避免陷入“假问题”的误区，要关注学生行为背后的深层原因。通过收集学生的背景资料，了解其行为背后的信念和动机，从而与家长进行有针对性的沟通。

（五）聚焦问题解决，共筑合作桥梁

在与家长沟通时，教师应专注于如何共同解决问题，而不是简单地陈述问题，可以通过探讨解决方案、鼓励家长参与等方式来激发家长的思考和合作意愿。

（六）发掘家庭资源，共促学生成长

教师应从问题取向转为资源取向，关注家庭中有哪些资源可以帮助学生改变不良行为。通过开放性、中性的提问技术来引导家长发现家庭资源，并鼓励家长利用这些资源来促进学生成长。

总结反思

一、成效斐然，沟通硕果满枝

（一）互信桥梁稳固

通过实施上述家校沟通策略，教师和家长之间的信任得到了显著增强。双方更加理解和尊重彼此的角色和付出，愿意共同为学生的成长营造一个和谐的环境。

（二）全面发展助力

家校沟通的深入实践，使得学生能够在家庭和学校中得到更加全面和均衡的发展。家长的积极参与和支持，为学生的学业、情感和社会交往等方面提供了有力的保障。

（三）教师沟通能力跃升

教师在家校沟通过程中不断学习和实践新的沟通理念和策略，自身的沟通能力得到了显著提升。教师变得更加擅长倾听、表达和理解家长的需求和关切，从而建立更加紧密和有效的家校联系。

二、直面挑战，共寻改进之道

尽管家校沟通取得了显著的成效，但在实践过程中仍面临一些挑战和不足。

（一）家长参与待均衡

尽管大部分家长能够积极参与家校沟通活动，但仍有一部分家长出于各种原因无法充分投入，这可能导致这些学生在家校沟通中得不到足够的关注和支持。

(二)理念融合路漫长

尽管教师和家长都在努力树立共同的教育理念，但由于教育背景、价值观等方面的差异，双方在某些问题上仍可能存在分歧。这需要双方通过更多的交流和协商来逐步缩小差异。

(三)渠道方式待拓展

目前家校沟通主要通过家长会、家访等传统方式进行，这些方式虽然有效，但可能存在一定的局限性。随着科技的发展，我们可以尝试利用更多元化的沟通渠道和方式来加强家校联系，如建立家校沟通微信群、使用在线教育平台等。

三、展望未来，共绘家校沟通新篇章

为了进一步提升家校沟通的效果和质量，我们可以从以下四个方面进行展望和改进。

(一)教师培训强化

学校通过定期组织教师培训活动，帮助教师掌握更多先进的家校沟通理念和策略。同时，鼓励教师积极参与家校沟通的研究和实践，不断提升自己的专业素养和实践能力。

(二)沟通渠道创新

积极尝试和推广新的家校沟通渠道和方式，如建立家校沟通微信群、使用在线教育平台等。这些新渠道和方式可以打破时间和空间的限制，让家长更加便捷地参与到孩子的教育中来。

(三)合作项目深化

结合学校和家庭的优势资源，共同开发和实施一系列家校合作项目。这些项目可以围绕学生的学业、情感、社会交往等方面展开，促进学生的全面发展。同时，通过项目的实施，也可以进一步加深教师和家长之间的了解和信任。

(四) 评价机制完善

建立一套科学合理的家校沟通评价机制，对家校沟通的效果和质量进行定期评估和反馈。通过评估结果的分析和总结，我们可以及时发现问题和不足，并采取相应的改进措施来不断提升家校沟通的效果和质量。

总之，家校沟通是教育工作中不可或缺的一环。通过不断探索和实践更加有效的沟通策略和方式，我们可以建立起一个更加和谐、有效的家校沟通网络，为学生的全面发展提供更加有力的支持。

10

爱里生根，感恩花开
——培养青少年感恩心态的实践探索

杨曼

背景描述

在我所带领的班级中，有一位特别的孩子——小薇，她是家中的独生女。小薇的父亲是一位常年奔波在外的高铁工作人员，母亲则在平凡的岗位上勤勉工作，他们的辛勤付出满载着对小薇深沉的爱。但也许正是这份厚重的宠爱，无意间塑造了小薇较为冲动且易走极端的性格特质，让她在处理事情时显得不够周全，有时甚至略显鲁莽。

母女间的沟通似乎总是隔着一层看不见的墙，争执之后，空气中弥漫的或是冷漠的言语，或是长时间的沉默，这对小薇的心理造成了不小的负担。刚加入我们班级时，小薇的学习成绩并不理想，偶尔还会出现违反校纪的情况。这种与家人紧张的关系，加上性格上的困扰，使得她常常心情低落，影响了她的社交能力及个人成长，她对父母的辛苦付出视而不见，缺乏那份宝贵的感恩之情。我得知这一情况后，决心采取一系列针对性措施，帮助小薇解开内心的枷锁。

解决策略与方法

一、平等交流沟通，了解矛盾真相

首先，我精心设计了多种沟通场景，从面对面的温馨交谈，到电话中的深度探讨，再到微信上的即时互动，每一步都力求贴近小薇的内心世界。面对面交流时，我选择在图书角这样一个非正式而舒适的环境，通过平等的姿态和轻松的话题开场，逐步引导小薇分享个人情感与家庭故事，这样的安排促进了信任的初步建立。电话访问与微信通信则作为日常沟通的补充，使我能够在不同情境下捕捉她的细微情绪变化，不断巩固我们之间的关系。

同时，我与小薇的家长进行了直接会谈，从家庭的角度补充了我对小薇性格形成的重要见解。这些会谈不仅增加了我对她家庭环境的理解，还帮助我协同家长，共同制订了针对小薇特定需求的个性化教育计划。通过这一系列细致入微且多维度的交流方式，我不仅揭示了小薇性格特质的深层次原因，包括家庭影响与青春期心理特点，还成功构建了一座信任的桥梁。在持续的平等沟通中，小薇从最初的保留到后来的敞开心扉，显示了她对我从教师到朋友角色转变的认可。我通过耐心倾听、同理心的表达以及适时的个人经验分享，营造了一个无压力的交流环境，使得小薇感受到了真正地被理解和尊重。

最终，基于这份信任，小薇变得更加开朗，乐于接受指导，并主动寻求建议，我们的关系因此达到了一个新的高度。

二、分享亲情故事，营造感恩氛围

在精心设计的班会活动中，我巧妙穿插了“亲情时光”故事分享环节，利用温暖的灯光与柔和的音乐营造出温馨的氛围。比如在最近一次的母亲节主题班会上，小薇鼓起勇气站上了讲台，首次向全班同学敞开了心扉，讲述了她母亲如何在平凡的工作岗位上默默坚守，每天清晨天未亮就开始忙碌，只为给她准备一份热腾腾的早餐，以及那些风雨无阻接送她上下学的日子。小薇的声音几度哽咽，但眼神里闪烁着对母亲前所未有的理解和感激。

我还倡议在父亲节、母亲节这样的特殊节日，学生们不仅仅通过社交媒体发送祝福，更要亲自与家人共度时光，比如一起翻看家庭相册，回忆成长的点滴，或者动手制作简单的礼物，用实际行动表达对父母的爱与感激。这些活动成了连接家庭与学校情感的桥梁，让学生们的感恩之情在日常生活的细微之处得以体现和加深。

随着时间推移，我欣喜地发现，班会中分享的每一个亲情小故事如同一颗颗种子，在学生心中悄然生根发芽。课间休息时，越来越多的学生开始主动讨论起与家人之间的温馨瞬间，有的学生还提议设立班级“感恩墙”，用来张贴他们与家人共同完成的手工、合影或写给家人的感谢信。这种自发性的感恩表达，逐渐形成了班级独有的文化特色，学生们在相互的分享与倾听中，学会了更加细腻地体会家庭成员间的深情厚意，也激发了他们对过去行为的深刻反思和自我调整，班级内的感恩氛围逐渐浓厚。

三、组织社会实践，加深理解与认同

为了深化学生对感恩的理解与实践认同，我精心规划并执行了一系列富有意义的社会实践活动。这些活动有传统的志愿服务和环保项目，还创新性地融入了文化传承、社区共建等多元化元素，旨在全面提升学生的社会责任感和感恩行动力。

例如，组织学生参与“绿色守护者”环保行动，不仅在校园周边清理垃圾，还深入社区开展环保宣传，引导学生在亲身参与中认识到自然环境的珍贵，学会感恩大自然的无私馈赠。同时，通过“时光信箱”项目，学生为敬老院的老人们书写信件，记录并分享彼此的故事，这样的代际交流不仅温暖了老人的心，也让学生体会到岁月的沉淀与家庭的温情，加深了学生对长辈的感恩之情。

每一项活动结束后，我都会组织反思总结会议，鼓励学生分享心得，通过集体讨论深化体验，将感恩的种子深植于心，并转化为日常学习与生活的具体行动。同时，我充分利用学校公告栏、校园网和家校微信群等平台，广泛传播这些感恩实践活动的正面影响，形成良好的示范效应，让感恩教育成为全校乃至家庭共同参与的社会风尚。

总结反思

在两年的时光里，小薇同学在家庭与学校的紧密协作下，经历了显著的成长蜕变。从最初的回避问题到如今主动与家长敞开心扉，分享个人志向与情感世界，小薇不仅学会了表达对父母的感激与爱，也逐渐成长为一个备受师生喜爱的模范学生。她的性格转变，如同一股清新的风，不仅树立了班级的榜样形象，也引领了整个班级风气的正向变革，为营造积极健康的教育生态贡献了不可忽视的力量。

以此为契机，班级广泛推行的家校合作育人模式收获了热烈的反响。曾经的亲子壁垒被打破，取而代之的是相互理解与包容。家长们开始以更加宽容的

心态去解读青春期孩子的叛逆与细腻，孩子们也学会了在父母沉默的关怀中感受那份不言而喻的爱。家庭氛围的回暖促进了学生的心理健康成长，他们变得更加开朗、积极，勇于直面生活的挑战，全身心投入到学习中，不断自我超越，成就更加卓越的自己。

在学校的鼎力支持下，我们通过福湘讲堂的知识洗礼、国旗下讲话的思想共鸣，以及与家长的深度沟通，构建起一个多维度、全方位的感恩教育传播网络，让感恩的光辉照亮校园的每一个角落，打造了一个以感恩为灵魂、以爱为基石的教育生态系统。这不仅是一场教育模式的革新，更是一次精神层面的觉醒与飞跃。它促使我们的教育环境超越了知识传授的范畴，升华至情感培育与价值观塑造的更高境界，让感恩成为驱动个人成长、凝聚集体力量、促进社会和谐的强大力量。在这样的氛围中，学生不再只是知识的接受者，而是成为懂得回馈、勇于担当、心怀感激的社会公民，与我们共同绘制出一幅幅温馨和谐、向上向善的教育画卷。

11

中职德育新风尚：课堂与实践的“舞林大会”

陈卫红

背景描述

中职学校在开展专业知识技能的教学过程中，还要注重加强培养学生良好的道德品质，为社会发展培养更多专业化、职业化的优秀服务人才。对于中职学校来说，培养学生形成良好的道德品质最主要的方式就是开展好德育课程教学。所以，德育教师，特别是作为班主任的德育教师要高度重视德育课程，并将其与德育实践活动进行全面结合，从而更好地提高中职德育课的整体教学成效。

解决策略与方法

一、中职德育课与德育实践活动结合的主要类型

（一）感受型实践活动：贴近学生实际

感受型实践活动主要指的是学生可以贴近日常生活实际，真正感悟到道德文化带来的强烈冲击与影响，例如可以组织中职学生参观文化馆及博物馆，来不断拓展其知识面，这种将理论知识与真实事件紧密联系的实践活动可以更好地培养学生的能力素质与道德素养。

（二）体验型实践活动：贴近学生生活

体验型实践活动往往可以更加贴近学生的日常生活，引导学生关注日常发生的各类事情及电视场景中展现的各类事情。例如，教师可以组织学生开展道德与法律的场景模拟，引导学生主动参与其中，在具体模拟环节，引导学生加深对事实真相的认识与理解，真正体会到道德与法律在社会中发挥的关键性作用。此外，还可以组织学生参加各类社会实践活动，引导学生前往养老院开展帮扶活动，让学生在照顾老人环节更好地感受他人生活的不易，从而体验帮助别人带来的快乐，引导学生更加贴近生活，不断提高自身的价值理念。

（三）践行型实践活动：贴近学生需求

在中职教学工作中，践行是基础的教学任务之一，其可以让学生将学习到的法律、道德等知识有效应用到日常社会行为中。随时社会的快速发展，绝大多数中职学生往往是懂得多、做得少，这对开展好中职德育教育产生了不良影响。为了引导中职学生将更多道德理论知识运用到日常社会实践中，教师要引导学生不断加强自身道德文化修养，并逐渐将其运用到日常实践活动中。在开展践行型实践活动时，部分学生会主动搀扶老年人过马路，少数学生会将旧衣服快递给贫困山区儿童，这些往往都是中职学生可以轻易实现的，而且往往也是当前社会所需要的社会实践活动，对构建和谐社会发挥着关键性作用。结合当前中职学校德育课程实践活动的发展现状来看，切实增强社会实践活动，可以全面提高中职学生道德理论水平及培育社会实践能力、创造应用能力，这也成了当前开展好教学工作的重点内容。

二、中职德育课与德育实践活动的结合途径

（一）坚持从学生生活实际出发，促进德育实践活动主动贴近社会生活

在开展中职教学工作时，教师要加强对课堂德育教学时间的有效把控，引导学生将德育知识有效转化成德育实践，从而加强学生对德育内容的正确认识与有效掌握，加强学生对德育基础理论知识的有效学习，真正实现实践与理论全面融合，不断发挥德育课程的真正价值与实际作用，这样可以切实提高学生在未来发展中的社会竞争力。

中职教师在开展德育课与德育实践活动融合的过程中，要鼓励学生以班级为单位开展好志愿服务活动，主动走进社区养老院照顾孤寡老人，对老年人进行关怀与慰问，主动献爱心，做一些力所能及的事情。比如可以为老年人洗衣服、表演节目等，主动帮助老年人解决日常生活中遇到的各类困难及问题，这也可以帮助社区更好地开展精神文明建设，实现学生自身情感的不断升华，从心灵层面受到触动及教育，促进理论与实践全面融合，切实提高中职学生的思想道德素质。同时，在中职德育教师的指导下，可以组织开展经验交流会，还可以结合德育元素开展征文活动，邀请一些已经毕业的学长学姐回学校与学弟学妹分享社会经历，加强彼此之间的交流与沟通，从而引导中职学生针对社会道德相关问题进行深入思考，敢于提出自身的想法与意见。教师要加以引导，树立正确的社会主义价值观。此外，还要结合不同学生的实际特点，引导学生加强自身职业规划设计，为未来踏上社会奠定基础。

（二）有效落实德育实践活动，强化情感体验及社会认知

在实际开展中职德育教学工作时，不论教师的理论讲解多么细致，学生都难以真正从内心产生触动，但是通过开展德育实践课程可以引导学生加强与社会的联系，掌握更多德育知识内容，更好地实现对德育知识的认识与理解。中职教师在开展德育实践活动时，要借助地方的教育教学资源，更好地落实实践课程教学，从而促进学生全面健康成长。

中职学校要坚持从德育教学角度出发，引导德育教师带领不同专业学生走访企业单位。比如，酒店管理专业的学生可以在教师的带领下去一些与学校有合作的酒店进行学习与参观；会计专业的学生可以在教师的带领下去会计师事务所进行走访；机械专业学生可以在教师的带领下参观工厂等。学校在组织学生走访调研的过程中，可以更好地实现对不同专业单位的认识与了解，以及对相关企业管理及企业文化的认识，明白作为一名合格的员工需要符合哪些要求，从而形成良好的职业道德。此外，中职学校可以通过校企合作的模式，为中职学生创造更多实习的机会，更好地落实社会实践教育活动。

总结反思

一直以来，传统德育课程往往受到时间及空间等因素的制约，这在一定程

度上严重影响着德育课程的教学质量，通过校企合作可以为学生谋求更多岗位实习的机会，打破传统德育课程的时间与空间的制约，引导学生在企业实习过程中明白什么是真正的企业文化，从而不断增强自身的德育素养，对自身未来的职业规划更加明确，从而对人生未来发展有更深层次的思考与认识。

新形势下，随着教育改革的不断推进与发展，中职教师要切实加强德育课与德育实践活动的有效结合，引导学生加强与社会生活的接触，实现德育理论知识与社会实践的紧密联系，从而引导学生树立正确的道德价值观，全面提高自身的社会综合素养。

12

舞动班级管理的“魔法棒”

李红

背景描述

自 2014 年起，我开始在长沙市电子工业学校担任班主任，至今已历三届。在此期间，我的生活状态始终处于一种“奔跑”的模式，不仅要忙于班级管理，还要兼顾家庭与孩子的教育，时间总是被安排得满满当当。面对这种时间上的紧迫性，我不得不寻求在有限的时间内提升工作效率的方法，力求使我的忙碌变得更有价值。基于此背景，我将围绕“如何做一名工作高效的班主任”这一主题，分享几点实践经验与个人体会。

解决策略与方法

一、转变态度，快乐工作

班主任职责之重，用“繁杂”概其多样，用“累”述其艰辛，这不仅是一项挑战，更是对个人品质与能力的深度考验。面对班主任工作的复杂性，特别是面对无法如年轻同行般全身心投入班级管理的现状，我认识到，追求完美不如专注于可为之事，保持一颗平常心，从看似烦琐的日常中寻找价值与乐趣，这是通往高效管理的关键。

我作为一名体育教师，深知运动对于情绪调节及健康促进的积极作用。将运动的正能量引入班级管理，不仅能有效缓解自身工作压力，还能将这种积极向上的生活态度传递给学生，形成一种正向循环。运动带来的快乐氛围如同一股清流，渗透进班级的每一个角落，使学生在活泼开朗的环境中成长，进而促进其身心健康，减少不良行为的发生，为班主任管理工作减负增效。

所以，班主任首先需要转变工作心态，将快乐融入教育实践中，通过个人的正面示范作用，营造积极向上的班级文化，使教育过程成为师生共同享受的快乐之旅，从而实现教育的内在价值与外在成果的双重提升。

二、严明制度，引领约束

新学期伊始，我便着手开展班级制度建设，引导学生深入学习学校的规章制度，并在此基础上，紧密结合班级实际情况，量身定制一套既符合校规要求又贴近学生实际的班级管理制度。这套制度设计全面，既涵盖了行为规范的各个方面，又明确了具体的学习目标和要求，旨在培养学生对规则的敬畏之心，促使他们在清晰的行为框架内自律自强，成为遵纪守法、品学兼优的学生。

针对中职学生普遍存在的行为习惯欠佳及违纪频发的现象，传统的“对抗式管理”不仅收效甚微，还可能加剧师生关系的紧张。例如，面对学生频繁以各种理由不遵守校服规定的情况，我采取零容忍态度，明确传达出“无规矩不成方圆”的讯息，要求学生直面问题，主动寻找解决方案，而非寻找借口逃避责任。这一举措旨在强化学生的责任感与自我管理能力，让他们清晰区分行为的界限，通过正面引导和理性教育，让学生深刻理解规则背后的意义，而非单纯畏惧惩罚。

对于较为严重的违纪事件，我坚持采取严厉措施，包括必要的处罚及邀请家长参与管理，确保学生深刻认识到自己的错误及其可能造成的后果，从而让学生心中树立起明确的行为底线，促进其自我反省与成长。此过程不仅是对学生个体的矫正，更是对班级整体风气的净化，确保班级氛围充满正能量，每一位学生都能在健康的环境中进步。

三、发挥优势，凝聚合力

正如古语所云：“独行速，众行远。”班级作为一个多元化的学习社群，其发展动力源自每位学生潜能的最大化发挥与集体协作的深度融合。班主任需秉持“以人为本，协同发展”的理念，通过深入了解并挖掘每位学生的独特优势，科学配置班级资源，搭建一个既能彰显个人特色又能促进群体协同的平台，推动班级整体向更高层次迈进。

在具体实践中，我细致观察、全面评估每位学生的特长与潜能，依据其特点精准分配班级职责。比如，任命了拥有强烈集体荣誉感张同学为团支书，负责班级文化建设，他不仅承担黑板报设计等常规任务，还成功主导了班旗设计大赛，其高度的责任感与卓越的执行力成为班级管理的亮点。这一举措不仅展示了个体才华，也强化了班级成员之间的认同感与归属感，为班级文化建设注入了鲜活力量。

同时，我还任命学习成绩优异、乐于助人的学生担任学习委员等职务，通过设立“单科小讲师”项目，鼓励他们分享学习经验，辅导其他同学，实现了知识的传递。此举不仅提升了班级整体的学习氛围与效率，还锻炼了学生的领导能力与表达能力，进一步巩固了班级内部的互助合作网络。

四、多设奖励，激发热情

在构建积极向上的班级文化时，激励机制的创新设计显得尤为重要。我们班采用了一种民主参与的奖惩方案制定模式，即由学生根据班级规章制度及自身需求共同商讨制定积分奖励系统。这一过程本身就是对学生自主性和责任感的培养，使制度拥有了广泛的群众基础，更容易获得学生的认同与遵循。

该积分奖励系统巧妙利用了学生渴望认可与成就的心理，通过设置丰富多样的加分项，不仅明确了评优、入团等学生个人发展目标的具体路径，还激发了学生的内在动机，促使他们主动在班级管理、学习活动及集体活动中发挥作用。加分项覆盖广泛，不仅包括学业成绩，还包括了课堂表现、团队协作、班级贡献等多个维度，确保每位学生都有机会通过努力获得认可，这无疑为那些积极进取的学生提供了舞台，同时也激励了原本缺乏上进动力的学生，通过观察与模仿，逐步融入班级积极向上的氛围之中。

实践证明，积分奖励系统有效提升了班级日常运作的活力。例如，早读时段，学生们为了争取领读的机会，自发形成了良好的学习风气；课堂上，学生们竞相举手回答问题，学习热情空前高涨。此外，积分兑换实物或特权的设置，不仅有效抑制了违纪行为，还进一步增强了学生对学习的兴趣和参与感，促使正向激励形成闭环。

五、做好规划，提高效率

我认为要想工作效率高，就要有提前的规划，有了规划才能有条不紊地工作，不至于慌乱。以我个人带领学校啦啦操队的训练经历为例，面对时间紧迫、任务繁重的挑战，我选择在假期就开始着手准备，提前设计好比赛的整套动作，并细致规划每日的训练内容、标准及预期成果。尽管啦啦操队的训练任务主要由我一人承担，且时间窗口狭窄，但通过周密的前期规划，确保了训练的高效有序，即便面对高强度的训练，学生们也能在明确的目标指引下，坚持不懈，追求卓越。在学生疲惫不堪、挑战极限之际，我的鼓励与肯定成了他们坚持下去的动力，这种“全力以赴，无悔青春”的信念，不仅增强了团队的凝聚力，也为最终的比赛成绩奠定了坚实的基础。

同样，我在班主任日常工作中也秉持这一原则，每晚必会为次日的工作列出详尽计划，确保每项任务都能有的放矢、高效执行。通过提前规划，工作流程变得井然有序，不仅提高了处理班级事务的效率，还为我预留出了宝贵的个人时间，使我得以在繁忙的班主任工作之余进行充电与休整，实现了工作与生活的良好平衡。

总结反思

从我初任班主任时的“奔跑”状态，到如今能以更平和、更高效的方式工作的状态，一路都是探索与实践的足迹。未来的教育之路，我将继续秉承快乐工作、严谨治班的原则，深化家校合作，关注每一个学生的个性化需求，利用科技手段提升管理效能，同时，不断提升自我，与学生一同成长，共同绘制属于我们的精彩篇章。

13

我之德育观
——浅谈中职学校如何开展德育

谢亚运

背景描述

德育可以简单地理解为一种品德教育活动，主要包括学校教育、家庭教育、社会教育等多种形式。在中职教育中，品德教育尤为重要，它应当作为学校教育的首要任务，它将影响一个人的一生。对学生进行良好的品德教育是一名中职班主任所肩负的重要使命。以己之行，影响学生；活动育人，涵养品性；家校合作，携手前行。通过这些方式将德育渗透到学生的方方面面，以此让学生去领悟德育的真谛，促进学生全面发展，使学生形成正确的人生观、价值观、世界观。

夸美纽斯说过："没有德行，文学技巧算得什么呢？凡是在知识上有进展而在道德上没有进展的人，那便不是进步而是退步。"赫尔巴特也说过："教育的唯一工作与全部工作可以总结在这一概念之中——道德。道德普遍地被认为是人类的最高目的，因此也是教育的最高目的。"这些名人名言告诉我们：德育很重要。学校、家庭、社会是学生接受教育最重要的三个场所，在德育教育的过程中，我们需要将三方力量凝聚起来，全力营造学习美好品德的浓厚氛围，不断地熏陶、渗透，把德育教育真正落实到每一个细节中去。

解决策略与方法

一、以己之行，影响学生

作为一名老师，我们对学生进行德育教育的场所主要是学校。在中职学校里，我们班主任是学生一天中接触时间最长、联系最密切的人，也是他们最重要的学习人物，所以我们首先要以身作则、严于律己，以自己的言行影响学生的言行。中职学校的学生大部分是不爱学习的，在学习和生活上都比较懒散，即使到了高中，学生仍然不能养成早起的习惯。发现这个现象之后，我首先是理解学生，大冬天起床肯定不如待在被窝里舒服，但是这个习惯确实是不好的，那如何改变他们这个习惯呢？我首先在班级里开展了“早睡早起，从我做起”的主题班会，以辩论赛的形式将学生分为正反两队，两队各抒己见，在这样激烈的辩论过程中，让学生逐渐明白早起的好处。但仅仅靠一个班会进行思想渗透是远远不够的，更重要的是行动。从那天起，我每天坚持早上提前半小时到校，组织并陪伴学生进行 30 分钟的晨练。最开始时，只有几位学生跟着我的步调来，在坚持了半个月之后，学生渐渐多起来了，这让我甚是欣慰。其实学生心里都明白早起的好处，只是没有一个人来带头，调动他们内心的积极性，而我正是抓住学生这样的心理，从自己开始，带动学生，既可以帮助自己和学生锻炼身体，养成早起的好习惯，又可以开展德育教育。

二、活动育人，涵养品性

伟大的教育学家陶行知说过：“生活和教育是一个东西，不是两个东西。”生活是最好的老师，在日常授课之外，我们更重要的是通过各种各样的活动，将课堂上的德育理论落实到实践中，在活动中开展德育教育，将德育润物细无声地渗透其间。比如我们班的班训是“勤思好学、团结友爱”，我将其挂在班级最醒目的地方，长久下来，学生自然而然就懂得要和班级同学友爱相处，团结互助。在学校的班级合唱、班级篮球赛等活动中，我都会将团结友爱渗透其中，适当开展德育。比如我们班比较突出的一个问题是学生自行分成了两个阵营，各自为营，在学校篮球赛到来之际，我特意从每个阵营中选取 4 位学生。最开始，他们在配合方面很欠缺，很不习惯，甚至还发生了冲突，停了两天训练。我私下找他们几个谈话，告诉他们班级是大家的，仅靠个人发挥是不够的，必须大家齐心协力才能赢得比赛。慢慢地，他们开始学着去适应彼此，互相打配合，最后在篮球赛中，我们班取得了第一的好成绩。通过这次活动，学生深刻地明白了团结的重要性。在 3 月 12 日植树节，为了营造良好的学习环境，将环保意识灌输到每个学生的心中，我精心组织了“绿色行动”的活动，充分发挥学生不怕苦、不怕累的精神，齐心协力清除校园白色垃圾。经过学生的一番努力，校园变得更干净、漂亮了……夸美纽斯说：“德行是由行为而不是由文字实现的。”因此作为班主任，我们在德育教育实施过程中，要不断地利用各种德育活动，抓住各种时机，启迪学生的心灵，把德育教育融入生活点滴中。

三、家校合作，携手前行

家庭教育是学生接受教育的第一课堂，父母是孩子的第一任老师。苏霍姆林斯基强调：“最完备的教育模式是‘学校——家庭’教育，学校和家庭是一对教育者。”孩子是一艘船，家长和老师就像两支船桨，家长和老师只有朝着同一个方向努力，孩子才能朝着正确的方向到达彼岸。家校合作在孩子的成长过程中有着极其重要的作用，除了在学校里进行德育工作之外，我们还要紧密联系家长配合学校开展德育工作。作为一名中职班主任，我们要使用正确的方式方法，加强与家长的联系，做好和家长的沟通工作，让家长参与到孩子的教育中来，让家校合力，达到最大的教育效果。

（一）相互尊重，平等沟通

在与家长的沟通中，我们要认识到自己和家长是处于平等地位的，沟通的目的是帮助学生更好地成长。在我们班曾出现过这样一件事，有两个学生因为一点私人矛盾起了冲突，我把两位学生的家长都找过来，先冷静地和家长分析事情本身，再与家长好好沟通后续对学生的处理和教育，双方家长都表示非常理解和支持，并答应会竭尽全力配合老师教育学生。我想，每个学生在父母心中都是优秀的，如果当时我把双方家长叫过来劈头盖脸地训一顿，可能只会加深老师和家长之间的矛盾，对处理事情本身并没有什么效果。当我们心平气和地和家长进行探讨时，家校合作将会形成最大的合力。

（二）急家长之所急，忧家长之所忧

在家里，学生有父母照顾和疼爱；在学校里，我们就是学生的父母，也应当承担起照顾和关爱学生的义务。当我们将心比心，以父母之心去爱学生时，自然也会换来家长的支持。有一次，宿管老师大晚上给我打电话，说一位学生心脏疼，我立马联系家长告知情况，并连夜把学生送往医院。家长在外地，当时听到这个消息非常着急，我安抚好家长的情绪，并整晚陪在学生的身旁。第二天家长赶到，握着我的手连声道谢。当家长感觉到我们是在发自内心地爱学生时，他们也将会全力配合我们去教育学生。

（三）统一战线，密切联系

曾听过这样一句话：家长和老师相逢，是一场爱与信任的邂逅。在教育孩子时，家长和老师从不是处于对立面的敌人，而是同一条战线上的友军，一起携手努力，为学生铺好锦绣前程的道路。家长负责家庭教育，老师负责学校教育，互不干扰，但是又相互配合，彼此支持。中职学生的不良习惯较为突出，作为中职班主任，我们要细心地观察学生的行为习惯，并且重视家长的教育作用。学生除去在学校学习的时间，最多的空闲时间是在家里，一到周末或者假期，没有了繁重的学业任务，这个时候学生就容易放松，如果在家里不及时进行知识巩固，那么学校教师再怎么努力，效果也不佳。所以我们要将学校德育和家庭德育结合起来，老师和家长要站在统一战线，让学生时时刻刻生活在良好的德育氛围中，以此达到 5+2>7 的效果。

总结反思

德育过程需要不断渗透、不断熏陶。在中职教学的德育过程中，我们应该是学生的良师，以自己的言行去影响他们，做他们的好榜样；同时也是他们的益友，与他们一起在生活点滴中培养德性。同时，我们也要合理利用各种教育教学活动，紧密联系家长，不失时机地把德育活动始终贯穿家庭教育和学校教育的全过程。

14

提升适应能力　赋能终身发展

朱腊英

教育，最终是为了学生的未来，也是为了社会的未来。随着时代的快速发展，未来瞬息万变，身处百年未有之大变局，教育更应该面向学生的未来，提高学生的适应能力，赋能学生的终身发展。

背景描述

初入高中，同学们怀揣着对全新生活的无限好奇，班级内洋溢着勃勃生机与青春活力。然而，随着时间的推移，一系列挑战悄然浮现：陌生的专业课程、不适应的寄宿生活，以及与个性迥异的同学之间的朝夕相处，让不少同学感到难以适应。这些问题不仅加剧了同学间的摩擦与矛盾，还严重影响了大家的学习状态，使得部分同学心绪不宁，甚至有同学日日与家长哭诉难以适应高中生活。此情此景，让老师和家长都倍感忧虑与不安。

解决策略与方法

一、原因分析

1. 初次离家情难适

对于初次离开家庭、步入高一生活的新生而言，这不仅是一次简单的身份转换，更是情感与心理的双重考验。他们可能会产生强烈的思家情感，进而引发对住校生活的不适应以及心理层面的困扰。

2. 学生自理能力弱

在部分学生的成长轨迹中，家庭的悉心呵护似乎成了他们不可或缺的庇护所。然而，当这些孩子踏入职业高中的大门，面对住校生活的种种琐碎——从个人卫生的打理到一日三餐的安排，甚至是衣物的选择与搭配，都成了他们不得不独自面对的问题。由于缺乏基本的生活自理能力，这些看似微不足道的日常琐事，却成了他们心中难以逾越的障碍，让本应充满朝气的校园生活蒙上了一层焦虑与不安的阴影。

3. 学业增压难适应

从初中过渡到职业高中，不仅是学习环境的转换，学习方式、人际交往、师生关系、行为规范及社会期望等都发生了很大的变化，对于适应能力较弱的学生而言，这一系列的变化如同狂风骤雨，让他们措手不及，进而产生焦虑、恐惧乃至厌学的情绪，仿佛被卷入了一场无休止的漩涡之中。

4. 行为养成不到位

学生的行为习惯，往往深受家庭背景与生活环境的影响。在多元化的校园环境中，不同背景的学生汇聚一堂，他们的行为习惯自然也千差万别。部分学生因家庭教育的缺失或生活方式的差异，未能养成良好的行为习惯。加之青春期特有的自我意识增强，他们渴望展现个性，追求独特，但往往忽视了与他人的和谐共处，导致同学之间摩擦不断，影响了班级的整体氛围与凝聚力。

5. 班级涣散无归属

班级缺乏价值引领，就如同一艘失去航向的船只，在这样的班级里，学生找不到归属感，难以形成共同的目标与追求。另外，班级氛围的涣散，让学生之间缺乏紧密的联系与合作，彼此之间缺少信任与支持。在这样的环境下，学生容易感到孤独与无助，对班级活动缺乏热情与参与感，整个班级也因此失去了应有的生机与活力。

二、解决策略

（一）深化沟通，共渡适应新航程

1. 深化师生情谊桥

一方面加强班主任与学生之间的沟通，引导学生认识自己，悦纳自己，及时调整心态，拥抱高中生活。另一方面，开展“教师面对面”活动，加强任课老师与学生之间的沟通交流，帮助学生更全面了解高中学业，加深对专业的认知。

2. 紧密同窗交友网

开展“你好，新同学”团队拓展活动加强学业之间的交流，帮助学生更快融入集体。开展“宿舍夜话”活动，引导学生以和平的心态、合适的方法解决宿舍内部问题，促进良好习惯养成。

3. 强化家校联动链

利用线上线下的方式加强家校之间的沟通，及时与家长反馈学生情况，与家长形成合力，引导孩子更快适应新生活。通过设立“家长信箱”，每月让学生给家长写一封信，让学生把自己在学校的表现、心声等通过信件的方式告知家长，增强学生自我总结、自我反思、自我管理的能力。

（二）文化铸班魂，共筑集体归属感

1. 共创班级“软”文化，造有温度的“家”

师生共同商定班级目标，提炼班风、学风以及班级口号，并创作班徽、班旗、班训，一起布置教室，从而构建一个有温度、有归属感的“大家庭”。结合班级寄宿生较多实际，鼓励各宿舍建设宿舍文化，建设宿舍温馨“小家”。

班风	明德 守正 自律向上	学风	乐学 善思 力学 笃行
班训	行而不辍，未来可期 道阻且长，行则将至	班歌	《奔跑吧，青春》
班徽		班貌	才华的展示墙：每月一期黑板报
			灵魂的栖息地：班级共建图书角
			舒适的习乐园：每日清洁五分钟
班旗			精神的交汇处：每日一条个人寄语
			温馨的“小家庭”：打造特色宿舍文化

2. 共建班级“硬”文化，创有尺度的班集体

组建班团组织，确立班规。以《中等职业学校学生公约》为依据，引导学生制定班级管理制度，明确班级、宿舍日常规范，班干部工作职责。建立班级评价机制。以“三全育人”为导向，构建集多维评价内容、多元评价主体、多种评

价路径、多样评价形式、多类评奖项目于一体的班级评价机制，激发学生成长的内在动力，提升班级凝聚力，增加学生归属感。

(三)文体展风采，能力提升促成长

(1)鼓励学生积极参与丰富多彩的社团活动，通过社团内部的合作与交流，以及社团风采的公开展示，提升学生的人际交往能力，让学生在实践中逐步增强自信，赋能学生终身发展。

(2)积极策划并组织多样化的文体活动，如激烈的篮球竞赛、激情四溢的演讲比赛、情感深沉的朗诵会等，让每个学生都能在适合自己的舞台上绽放光芒，发现自己的独特价值，从而加深对自我的认知与肯定，全面促进学生身心的健康成长。

(3)开展心理团辅活动，引导学生学会有效管理情绪，及时调整心理状态，形成积极向上的心理品质，同时加强团队协作能力的培养，为学生的未来奠定坚实的基础。

总结反思

上述策略实施一个学期后，学生行为习惯和适应能力都有了质的提升，从日常细节到学习态度均展现出焕然一新的面貌。他们更加自律，彼此间的理解与尊重使矛盾显著减少，班级氛围日益融洽。同时，学生的学习热情被充分激发，主动性与积极性空前高涨，不仅成绩稳步提升，更在探索知识的道路上展现出前所未有的活力与创造力，一个和谐、友爱、奋进的班级初具雏形。

作为班主任，我有以下几点反思与启示：

(1)当班级出现问题时，班主任应及时分析原因，正面引导，走进学生群体，一起着力解决问题。

(2)在班级管理中，班主任并不是一座孤岛，可以积极寻求各方面力量的支持，如教师面对面、家长会等方式就很好地起到了协同育人的效果。

(3)环境无言，润物无声。好的班级环境可以潜移默化地陶冶学生的情操，引导学生的行为，凝聚班级的灵魂，塑造班级的风貌，帮助学生更快地适应环境。

(4)重视活动育人的作用，重视学生的长期发展，如“心理团辅”和“社团活动日”就很好地起到了赋能学生终身发展的效果。

15

用心育人理念下的班级管理

谷秋丹

背景描述

班级管理是班主任按照一定的原则和规范，采取适当的方法，为建构良好的班集体而进行的一系列管理活动。简单地说，班级管理就是班主任对全班学生的思想、学习、劳动、生活等各项活动的管理。班级管理是着眼于班级所有学生的全面健康成长，促使其个性获得和谐发展的过程。下面，我将从两个方面阐述我的班级管理策略。

解决策略与方法

一、“用心育人”助成长

(一)用“爱心”温暖学生

苏联教育家高尔基曾说：“爱孩子，孩子就爱他。只有爱孩子的人，他才能教育孩子。”班级管理亦是如此，作为班主任，只有真心地关爱学生、走近学生，才能够了解学生内心，更好地帮助学生充分挖掘潜能。

我所带班级 2107 班，总共 43 人，据我观察，每位学生学习能力、自我管理能力、社交能力都有所不同。但是，不管如何，我认为学生大多数都是渴望进步、渴望被理解、被关怀的。开学时，我就与大多数学生进行了谈心交流，了解到他们来到中职学校几乎都是因为中考失利，加上缺乏对职业教育的正确理解，心情略沮丧。在发现这个问题时，我意识到爱心教育的重要性，所以，作为班主任的我，尽可能地让学生感受到学校以及社会对他们的爱，帮助学生树立自信心，鼓励学生只要努力学习，中职学校也能够学有所成，绽放出中职学生独有的光彩。

（二）用“耐心”包容学生

班级管理的对象是学生，和谐的师生关系是班级管理成功的前提条件，所以，关爱学生、尊重学生、信任学生是师生间的重要纽带。

学生是发展中的人，学生的成长是一个长期并且动态的过程。在这个过程中学生不可避免地会出现一些问题，如何更好地处理这些问题，这也需要班主任不断探索，不断尝试新的班级管理策略。我班上的学生都还未成年，心智不成熟，针对这种情况，在处理学生问题时，最忌讳的就是“一棒子打死”，因此我会根据学生的身心特点，及时调整方式方法，同时也肯定他们的进步与成长。

班主任的耐心不光体现在对学生的教育上，还体现在对班主任这份工作的执着与追求中。作为班主任的我，不仅要监督学生知识技能的学习，还要监督学生日常行为习惯。部分学生在之前的成长、学习环境中形成了不良行为习惯，需要时间让他慢慢改正，这是一个反复的过程。因此，班级管理真的很需要班主任的耐心。

（三）用“责任心”成就学生

孔子说过：“其身正，不令而行；其身不正，虽令不从。”“言传”是“身教”的基本方式，“身教”是“言传”的有效手段。我曾听到这样的话语：“老师自己都做不到，还要求我做。”可见教师的言行对学生的影响有多大。作为2107班的班主任，面对学生，我给自己定下一个原则：事事从自己做起。作为班主任，除了在言行、衣着穿戴方面要成为学生的表率外，在自身素质、修养方面也严格律己，做到身体力行。一位好老师对学生的正面影响深刻且长久。另外，教师的责任心还体现在为人处世、政治思想、责任担当、对学生的关心关爱等方面。

二、“德育教育”促成才

（一）抓学生思想品德教育

在班级管理中，将学生的思想品德教育与培养和提升班级学生综合素质紧密联系。

在班级管理中，持之以恒地通过主题班会、日常教育、个别谈心、小组学习讨论等多种形式，引导学生树立正确的人生观、价值观。启发和引导学生深刻认识到培养良好的思想品德是社会每一个公民的基本要求，让班级的每一位学生都自觉地将优良的思想品德与自己的综合素养紧密联系起来，与自己将来走向的工作岗位紧密联系起来，与未来的美好生活紧密联系起来。只有学生深刻认识到要树立正确的人生观、价值观，班级思想品德教育活动的开展才会井然有序，有所成效。

（二）抓班级学生行为规范

俗话说：“无规矩，不成方圆；国有国法，家有家规。”作为社会中的一员，学生的行为应该遵守相应的准则，学生在校期间应该遵守学校的校纪校规、班纪班规等。

在班级管理中，注重学生行为规范的教育，提升学生职业意识。教育和引导学生认识到遵守道德规范和行为规范是非常重要的，这是个人综合素质的一种体现。倡导学生文明用语、尊师重道、尊老爱幼。让学生明白，自觉遵守道德规范和行为规范，是学校对学生的要求，也是社会对公民的要求，更是求职就业对他们职业素养的必然要求。让每一位学生懂得，遵守道德规范和行为规范并不难，只要能约束自己的思想和言行举止，做到自律，就能做到遵守道德规范和行为规范。

（三）抓学生团队协作精神

团队协作是成功的基础，无论是个人还是集体。在班级管理中，注重培养班级学生团队协作精神，同时注重将班级学生团队协作精神培养与班级学生职业素养提高紧密联系起来，并且帮助学生在校期间与老师、同学建立和谐友爱的人际关系，这样有利于形成相互尊重、相互理解、相互帮助的学习氛围，有利于教育教学质量的提高，更有利于学生学习专业知识和专业技能。

鼓励学生积极参加各项活动，培养团队协作精神。鼓励学生积极参加校园艺术节、校园体育节、校园传统文化诵读、跳绳比赛、广播操比赛等集体活动，充分发挥学生特长，让学生自主编排节目，自发组织训练、排练。其他没有参与竞赛或表演的学生也要一一落实任务，形成全班学生人人都参与，齐心协力的氛围。通过鼓励学生积极参与各项活动，卓有成效地培养了学生的团结协作精神。

总结反思

我的班级在常规管理、学习、班级活动方面均走在前列，每个学期都被评为“文明班级”，多次获得流动红旗，“两报一文”也多次获一、二等奖，在学校开展的各项活动中均取得不错成绩。班级管理不能一蹴而就，需要长期的学习探索与实践，这样才能够提升班级管理成效，学生才能健康快乐成长、积极努力进取，在自己所学的专业领域打下坚实的基础，为将来走向社会打下基础。

16

让学生享受更细致的师德

卢炎丰

背景描述

在教育的广阔天地里，师德宛若细腻春雨，悄无声息地渗透进学生心田，滋养着他们成长的每一步。它超越了冰冷的职业界限，深深植根于教师的精神内核，是对学生深沉爱意的流露与责任担当的彰显。更细致的师德，体现在对学生个性差异的敏锐洞察上，体现在对学生情感需求的细腻关怀中，更体现在每一次教学互动中那份不厌其烦的耐心与引导中。教师应如同一位精心雕琢的工匠，细心打磨着每一位学生的心灵与未来，确保他们能够在爱与责任的阳光下茁壮成长，迈向更加辉煌的明天。

解决策略与方法

一、坚持公正，一以贯之

对每一位学生，不论其出身贵贱、成绩优劣，皆以客观公正的态度相待，确保无丝毫偏颇。

在班干部的选拔过程中秉持公平、公正、公开的原则，深入挖掘每一位学生的内在潜力与独特特质，不仅关注学生的学业成绩，更重视其组织能力、沟通能力、责任感及创新思维等综合素质，确保选拔结果真正基于个人能力与对班级的实际贡献，杜绝任何基于性别、家庭背景等外在因素的偏见。优秀学生的评定，则严格遵循既定标准，公开透明，让每一份辛勤付出和优异表现都能得到应有的认可与表彰。至于日常操行分的加扣，更是力求做到细致入微，每一项加分或扣分的记录都应严格审核，确保准确无误，让学生信服、家长满意，努力营造一个无偏见、无歧视的班级氛围。

在这样的环境中，学生们能够感受到来自老师的尊重与关爱，从而消除因不公正待遇而产生的负面情绪，更加专注于个人的成长与发展。班级内部也会因此呈现出一种和谐共处的良好态势，管理也愈发高效有序，这为学生们的全面发展提供有力的保障。

二、包容为怀，温暖心灵

每个学生都是一颗独特的种子，或许他们的成长之路布满荆棘，但这正是我们教育的意义所在——用爱与智慧去浇灌他们，帮助他们茁壮成长。

1. 学生的问题尽量自己解决，避免将问题推向家长

在处理学生问题时，始终秉持着“能自己解决则尽量自己解决”的原则。当然，这并不意味着要将家长排除在外，因为家长在孩子的成长过程中扮演着不可替代的角色。诚然，每位家长的教育方法和能力各异，不一定能在所有情况下直接解决问题。但是可以通过加强与家长的沟通，建立起家校共育的桥梁；利用学生对老师的信任与尊重，巧妙融合家长的力量，形成教育合力。这样，不仅能有效促进学生问题的解决，还能为学生营造一个既有家长温情又有教师指导，和谐而充满活力的成长环境，助力他们全面健康地发展。

2. 表扬和鼓励是学生进步最有效的方法

表扬和鼓励，作为激发学生内在动力与潜能的强有力手段，无疑是促进学生全面进步的有效方法之一。每位学生都是独一无二的个体，他们拥有各自不同的天赋与潜能，等待着被发现与挖掘。全面认可每位学生的独特价值，淡化“差生”这一标签，让每一位学生都能在班级的大家庭中找到属于自己的位置，发现自己的闪光点，感受到那份被重视与珍视的温暖，从而帮助学生树立起强烈的自信心。

在日常的教学活动中，时刻保持敏锐的洞察力，不遗余力地发现并赞扬学生的每一点进步和每一个优点，无论是学习上的突破，还是品德上的提升，都值得我们给予及时的鼓励与肯定，而这种及时的鼓励与肯定能激发他们的潜能。同时，鼓励任课老师、班干部及优秀学生共同参与，形成一股强大的关怀

与支持的力量，大家携手合作，共同关注特殊学生的成长需求，给予他们更多的关爱与帮助，确保每个学生都能在班级的温暖怀抱中茁壮成长，成为推动班级进步不可或缺的力量。

此外，面对学生偶尔的顶撞行为，展现出包容与理解的态度，这既是对学生个性成长的尊重与引导，也体现了教师对学生的深切关怀，更有助于营造一种更加开放和包容的学习氛围，让学生能够更加自由地表达思想与情感，更加勇敢地追求自己的梦想与目标。

3. 谨言慎行，不在学生中造成坏影响

教师的每一个细微举动，都如同细雨轻拂过初春的嫩芽，既可能让其得到滋养，使其茁壮成长，也可能不经意间触及那份敏感与脆弱。当学生心灵的幼苗尚未根深叶茂，任何不当的言辞都可能成为一阵寒风，让那脆弱的绿意颤抖，甚至停滞不前，乃至黯然失色。一旦这颗嫩芽受到伤害，其成长的轨迹就可能因此受阻，甚至可能枯萎。更糟糕的是，这种伤害可能像涟漪般扩散，影响到周遭那些满怀希望、正在茁壮成长的嫩芽。因此，在进行批评或交流时，应如匠人般精心雕琢语言，选取温暖而鼓舞人心的词语，斟酌每一句话的语气，使之既能深刻揭示教育的真谛，如同春风拂面，润物无声，又能细心呵护那些怀揣梦想、不懈追求的年轻心灵。让每一次对话都成为滋养心灵的甘霖，助力学生在成长的道路上稳健前行，绽放属于自己的光彩。

三、因材施教，鼓励为主

针对每位学生入学时的初始水平，采取个性化的教学策略，精准对接每位学生，旨在全面提升其综合素质，让每一朵花都能在最适宜的条件下绚烂绽放。鉴于学生之间存在客观差异，应避免用统一的高标准去衡量每一个独特的灵魂，而应选择以包容和尊重为基石，去适应并引导每位学生按照自己的节奏和方式成长。诚然，文化课成绩的提升需要时间的累积与不懈的努力，但引导学生树立远大理想、培养良好的行为习惯，则可以通过阶段性的努力较为显著地达成目标。

总结反思

鼓励每位学生都勇于挑战自我，实现自我超越，即使前路偶有坎坷，也决不轻言放弃。对于在学习上暂时落后的学生而言，或许难以立即赶超顶尖学生，但设定合理目标，逐步超越自我，是完全可行的。重要的是，只要保持积极向上的态度，沿着正确的道路持续前行，无论起点如何，假以时日，都能抵达一个令自己骄傲的新高度。

学生如同未经涂染的白纸，拥有着无限的可能与可塑性。作为教育者，我们的一言一行都将深刻影响他们的成长轨迹。因此，我们应当以更细致的师德，倍加珍惜每一次教导学生的机会，采用正面、积极的方式引导他们成长，让他们绽放出绚丽多彩的人生。

17

心理学在班级管理中的运用与探究

李冰

班级是学校组织的重要部分，班级管理是班主任的基本职责，班级管理的好坏直接影响教育目标的实现。在班级管理中巧用心理学原理，可以使班主任工作事半功倍。

背景描述

做温暖的教育是我从教的初心。在十多年的教学工作中，尤其是担任班主任工作后，我发现爱心并不能成为管理好、教育好学生的关键因素。如果比“爱心”的话，教师对学生再爱，也比不过父母对孩子的爱。遗憾的是，有些父母虽然爱自己的孩子，但就是教育不好自己的孩子。爱无技法，但教育有方法。教育学与心理学相结合，在班级管理中可以起到事半功倍的作用。

解决策略与方法

一、合理运用“首因效应”，成为学生的重要他人

对刚接手的新班级，“首因效应”很重要。“首因效应”是由美国心理学家洛钦斯首先提出的，是指交往双方形成的第一印象对今后交往关系的影响。首因效应本质上是一种优先效应，占据着主导地位。

新生刚进入校园，对一切都很陌生。此时需要有效地运用“首因效应”，将更多积极的信息传递给学生，继而潜移默化地影响他们的整个高中生活。新生

军训时，我一直陪在他们身边，为他们做好后勤保障工作。渴了，我准备了水；饿了，我准备了饼干和巧克力；太晒，我准备了防晒喷雾与藿香正气水。一周的陪伴，让我收获了孩子们的信任。

很多孩子是第一次寄宿，生活自理能力不强，宿舍钥匙和个人餐卡保管不到位。为此，我特意为每一位孩子精心挑选了卡包和钥匙扣，作为高中生活的第一份礼物。孩子们第一次收到老师赠与的礼物，喜出望外，当即就挂在脖子上，后来这份礼物也变成了班级标识，成为校园中一道靓丽的风景线。我制作的可移动学生姓名牌同样进行了男、女生的颜色分类。千万不要小看这些点滴，通过这些点滴团队意识正在慢慢地渗入孩子们的心中，孩子们逐渐对班级产生了认同感。教育从本质上来讲，是一种人际影响，也就是我们常说的“亲其师，信其道”。

二、“罗森塔尔效应”与多元智能理论有效结合

“罗森塔尔效应”是指一个积极的期望往往会带来积极的结果。大多数中职学生属于“习得性无助”群体，普遍存在自我效能感低的情况。苏霍姆林斯基曾说过：“世界上没有才能的人是没有的，问题在于教育者要去发现每一位学生的禀赋、兴趣、爱好和特长，为他们的表现和发展提供充分的条件和正确的引导。”

班级管理中常常离不开活动与成功两种“武器”。通过活动可以激活情绪，而在情绪激动时实施教育，往往能收到事半功倍的效果。加德纳的“多元智能”理论提出，所有人都是聪明的，只是聪明的范畴和性质存在差异而已。因此，学校活动不能只是学业竞赛，活动的开展应该是多元化的，视觉空间智能、语言智能、肢体运动智能、音乐智能、内省智能、自然探索智能等都应该有所展现。

军训结束后，十月份的运动会如约而至。我鼓励班内每一位学生投入其中，擅长运动的学生申报了各项体育比赛，为班级荣誉而战；擅长写作的学生利用自身写作优势积极撰写通讯稿件，为争创文明班级添砖加瓦；细心热情的学生做志愿者服务，为运动员做好后勤保障工作。在全班学生的通力合作下，我们在运动会上获得了骄人的成绩，而且斩获了“精神文明奖”和“最佳风貌奖”。学校的肯定与老师的表扬，极大地鼓舞了学生的士气。随后，在学校开展的各项赛事中，如校园歌手赛、跳绳比赛、元旦文艺汇演、心理知识竞赛，全

员参与，同样取得了很好的成绩。

一个人不一定随时要成功，但他一定要活在有成功可能的希望之中。让我们的校园，多一些活动，多一些成功，让活动与成功激荡孩子的心灵，让学生在愉悦的心境下健康成长。

三、适时运用“南风效应”，做走心的教育

“南风效应”也称为“南风法则”或“温暖法则”，它来源于法国作家拉·封丹写的寓言。它告诉我们，温暖胜于严寒。这种以启发自我反省、满足自我需要的方式所引发的心理反应，称之为“南风效应”。

学生的问题不是一两天形成的，希望通过一两次教育就立即改变一个人也是不现实的。“教育是慢的艺术”，学生是在春风化雨、润物无声中逐渐改变的。

小慧是一位聪明伶俐的女生，热心班级事务，有号召力，但是情绪波动大，易怒，对自身要求不严格。某次因为晚自习能否使用手机一事，与执勤同学发生争执。小慧认为，自己为了办好班级的黑板报，才会在晚自习使用手机查资料。执勤同学认为，小慧在晚自习时使用了手机，违反了班规，应该照章处理，予以没收。双方各执一词，僵持不下。于是我陪小慧在楼道冷静，听小慧倾诉自己的委屈。我肯定了小慧强烈的集体荣誉感，待小慧情绪稳定后，再指出她处理事情的不足，同时教她处理类似事情的方法，最后，要求她配合执勤同学的决定，为其他同学作出示范。

在我的教育历程中，我总结出：大多数情况下，对学生以激励教育为主，含蓄委婉地批评比直来直去的呵斥更容易被他们接受。大声表扬，小声批评，是我的教育宗旨。

四、巧用“门槛效应”，小要求促进大转变

“门槛效应”是指一个人一旦接受了他人的一些微不足道的要求，为了避免认知上的不协调，或想给他人前后一致的印象，就有可能接受更高的要求。

中职学生大多是学困生，对学习有很大的畏难情绪。学生进校伊始，我进行了“中职生活早规划”的问卷调查，迅速了解学生的学习状态和学习目标，及时在班上做出正面引导，树立正确的学习目标，教授简单易操作的学习方法。

我在班上发起了每日英语单词在线背记的活动，鼓励学生根据自身情况选

择合适的学习阶段。小佳的英语基础非常薄弱，背记中考词汇，对她来说，难度很大。得知这一情况后，我鼓励小佳重新制订学习任务，做到“少而精”，并约定如果她坚持一个月，会给予奖励。她欣然应允，每天认真完成英语单词背记。一个月后，小佳不但得到了老师的肯定和赞扬，而且养成了每日背记单词的习惯，英语学习在她眼里，也不再是洪水猛兽了。初尝成功的滋味，小佳对其他学科的学习更加用心，学习态度有很大改观。

改变学生是一件艰苦的工作，不是一蹴而就的。小要求促进大转变，是众多教育策略中的一种。教育既是艺术，也是心理影响之策。

总结反思

班主任自觉学习，合理运用心理学理论，可以为班级管理提供动力，完善班级管理模式，促进班集体的成长。工作实践中，我们只要遵循时变法亦变的原则，就立于不败之地。

第二篇

点亮光

为学生拨开成长的迷雾

18

用心引领，助力每一个生命向阳生长

周道君

每一朵花都有尽情盛开的理由，每一个孩子都有人生出彩的资格，每一个孩子都可能有一个我们不为人知的故事。我们德育工作者，应不忘初心，砥砺前行，做学生人生路上的同行者。

背景描述

2023 年 8 月我接手了 2319 班，和所有接新班的老师一样，我想象中的学生是乖巧、听话、对学习充满激情的。然而，真实的 2319 班是一个令人窒息、让人退缩却又让人无比心疼的班级。2319 班共 49 人，男生 16 人，女生 33 人，8 位学生父母离异，4 位学生父母长期分居，2 位学生父亲过世，12 位学生有过自伤行为，但仅有 3 位家长知晓。

开学前三周，班上发生了 6 例女生自伤事件，学校心理健康测评结果显示，有 21 名学生要纳入访谈，其中 12 名学生纳入重点观察对象。这些孩子大多是初中老师放弃或是被忽视的透明人。面对这样的一群学生，我内心退缩过，尤其是在我一天连续处理了 3 个女生自伤的问题后，又接到了一个有着 2 次自伤行为的轻度抑郁症状女生的电话，处理完所有的问题回到家已经是晚上 7 点多时，我的情绪、心态已近崩溃。我给丁校打了个电话说："我快扛不住了。"丁校告诉我，周老师，做好你能做的，其他的，我们和你一起扛。也许是有人和我一起承担，也许是我和这群孩子有缘，等我平静下来，想到如果我放弃他们，他们是不是又要再被抛弃一次？我放心不下，决定迎难而上。

解决策略与方法

一、搭建“心”桥，走进内心世界

我从自身开始改变，每天带着微笑进入教室，总是坚定地告诉孩子们，我们不差，“3+2”不应该成为我们人生的终点，而应该是我们人生的起点，只要自己不放弃自己，将来会比很多人都优秀。

即便这样，不安的情绪还是在小语的身上明显体现。她总会不自觉地偷偷找寻老师的身影，等老师看向她，她又会立刻躲闪，一双手永远无处安放。她在军训时就告诉我，她有重度抑郁和焦虑，总担心学校会让她离开，尤其是在班上有抑郁症状的孩子回家后，她更加焦虑，整晚睡不着，白天就犯困。每当我喊醒她，她就惊慌失措地看着我：“你是不是也要送我回家？我是不是回去了就再也来不了了？”尽管我再三保证不会，她依旧担惊受怕：“我谁都不信，我妈只要我弟弟不要我；我初中班主任也说过同样的话，最后还是让我待在家里，没人会要我，你怎么可能会要我？”我紧紧地抱着她，对她说我不会不要她，但我希望她现在能换个环境来调整心情，我会等她回来。在我的再三保证下，她答应我回家好好休息。从那天起，我们每天都用微信沟通。在我们的共同努力下，小语在运动会那天带着满脸的笑容回来了。

二、凝聚“心”力，护佑健康成长

学期里，我与每一位孩子的家长至少取得了一次联系。我们班很多家长并不了解自己的孩子，他们有的认为自己的孩子生病了想回家是想逃避学习；有的认为自己的孩子内向不懂事；更有家长对自己的孩子压根就不关注。在小萱把自己的手割得横七竖八，伤痕累累，在教室外的走廊上抱着我号啕大哭的时候，她说这种情况初中就开始了，爸爸妈妈都没有发现过，应该没有人会关注她吧……我不知道什么样的家庭才能让孩子说出这样的话，小萱妈妈告诉我，小萱小时候一直和奶奶、姑姑生活，直到 8 岁才回家，和他们关系一直都不亲密。我告知了小萱现在的状况，建议他们带孩子去做心理咨询。但在小萱爸爸的强烈要求下，小萱在两周后走读复课了。有一天我发现小萱在学校待到 7 点还没离开，她说妈妈让她在学校吃完饭再回家，否则会影响弟弟学习。我看着她落寞的眼神，对这个孩子充满了心疼，虽然跟她妈妈进行了及时的沟通，可我又从小萱的周记里看到了这样的一句话——明明活着很累，却还必须要活着。我又第一时间给她妈妈打去了电话。家长会那天，我和小萱的妈妈聊了很久。后来也通过打电话、发微信、家访等形式，请小萱的家长与我一起携手，用心守护孩子的健康成长。在一个多月后的周记中，我发现小萱的心态有了很大的改变，她写道："我以后要做一个白胖胖的公主。"看到周记的那一刻，我笑了。小萱在我们的共同努力下，已然在慢慢地健康成长。

三、耐"心"陪伴，蓄力向阳生长

从我接手 2319 班起，我基本上是以校为家，课间、中午、傍晚、周五放学我都和孩子们在一起。为了更快地提升孩子们的自信，我要求班上的孩子尽自己的所长全员参与学校活动。在校运会入场表演中，全班跳起了女团舞，虽然只有短短的一分多钟，但却凝聚了孩子们 2 周的汗水和努力。最后，我们在运动会上取得了年级团体总分第二名的好成绩。英语比赛、朗诵比赛、四联漫画比赛、跳绳比赛、十佳歌手比赛、文艺汇演，在参与这些活动的过程中，孩子们一天天在长大，也一天天变得阳光、开朗，我想，这种陪伴是值得的，活动是能够为孩子们赋能的，其中小谦的变化最为明显。

小谦是一个过分懂事、内耗非常严重、频繁自伤的女孩，在中考时，小谦爸爸为了她能考上普高，送她去学美术特长，可是她最终没有考上普高，所以她觉得自己什么都做不好，每次回校后都会哭着要回家，遇到事情就退缩。但我发现作为宣传委员的她对黑板报的设计非常负责，哪怕请假在家，她也和同学通过视频进行沟通、交流。于是，我在微信上给她留言，我们班的黑板报想她了；同时，我会和她一起讨论每期黑板报主题，也会在每一次黑板报评比后在班上大力地夸奖她。慢慢地，我发现她要回家的次数越来越少了，和班上同学的关系也越来越融洽了。后来我推荐她参加长沙市的四联漫画比赛，她准备了很久最后还是没有获奖，就在我想安慰她的时候她笑着对我说："周老师，别担心，明年我肯定行。"更让我惊喜的是，文艺汇演选领唱的时候，她站出来说："我试试，可以吗？"她还带着班上同学利用晚自习时间设计、排版、张贴班上同学的优秀素描作品。从小谦的种种行为来看，她正摆脱束缚，努力向阳生长。期末评优的时候，小谦高票当选了优秀班干部和技术能手，那个眼里有光、脸上带笑的她真美。

总结反思

一、辅导成效

我们班人人都是心理委员，班上同学日渐开朗，班上的气氛也越来越融洽，2023 年 11 月后直至期末，班上再也没有出现过一例自伤的情况，也真正做到了没有让一位心灵有伤的孩子独自面对悲伤与难过。

二、反思感悟

一个学期过去了，班上同学发生了很大的改变，虽然他们仍然存在这样或者那样的问题，但我坚信，在我和孩子们的共同努力下，在年级部、学生科的支持下，在学校领导的关心、重视下，我们 2319 班一定会越来越好，一定会像我们班的口号一样，“心中向阳，梦想飞翔”。

19

以爱之名，温暖学生

胡悦玥

学生的心理健康工作是学校德育工作的一个重要环节，在班主任工作中占很大的比重。班主任应当全面深入地了解学生心理状况和心理需求，及时发现学生的心理动态并进行有效疏导，排解学生的不良情绪。我今天跟大家分享的这个案例就是和学生的心理健康相关。

背景描述

小李，女，15岁，刚开学和我谈心的时候自述容易焦虑，听不进别人的安慰；情感反应紧张，容易低落；行为消极，被动退缩，社交节制。有过自杀想法，小学时期便有轻微自残行为，被家人制止，初中阶段用卡片模拟过自残行为。如果别人对她好她会有不真实的感觉，觉得别人对她的好全都是虚假的，总有一天会消失。确诊抑郁发作之后变得敏感、多疑、多虑，不敢待在人群中，小李会感到恐慌，确诊后请假入院治疗，入院治疗期间有过自残行为，被诊断为伴有精神病性症状的重度抑郁发作。

解决策略与方法

前期交流阶段，小李对我呈现出不信任感，鉴于这种不信任感，有的时候很难跟她交流。第一次谈心她只愿意说她有焦虑情绪，每件事情都做最坏的打算，但是内心又期待最好的结果，我进一步问这个焦虑情绪出现的原因，她便搪塞过去，不愿意聊何时何事产生的这个情绪。在与她第一次聊天之后，我与她的家长进行了沟通，家长说她应该只是性格内向，胆小罢了。第二次谈话在一次考试之后，她考试有进步我表扬了她，她主动来找我，说她很开心，但是仍然焦虑，这次她说了她焦虑的原因是担心下一次成绩会变差。这次的谈话我一直拉着她的手，她的手有些微微发汗，但是神情比第一次更放松，讲的话也更多了，离开办公室之前她主动提起下次想跟我聊聊她小时候发生的一些事情。我知道她主动找我的时候其实已经鼓足了巨大的勇气，当时我的第一反应就是，我需要和她之间建立良好的信任关系。

第三次谈话在几天后，她找我来背书，背完书说想跟我聊聊天，我觉得她逐渐对我产生信任了，在她自述的时候，我没有打断她，即使她不断地重复。在她不知道怎么继续说的时候，我借机引导她，比如你可以跟我描述一下你的感受吗？你想不想跟我说说焦虑了多久？你愿不愿意跟我分享一下这种情绪是从什么时候或者什么事件开始的？你有没有尝试过向其他人诉说你的感受？跟班上的同学相处得融不融洽？

通过她的自述和我的不断引导，她的人生遭遇我也大致有了了解。小学的时候她从楼梯上被人推下去，摔断了腿，但是被威胁，不敢跟老师和父母说，而且接下来很长的一段时间，都遭受了来自班上同学的恶意。但是当时的她不知道这是校园霸凌，跟父母提及这件事，父母也只认为小朋友打打闹闹很正常，并没有放心上。到了初中，她因为性格原因又被班上同学孤立，但是家里人也没有发现她的不开心，只觉得她比较内向胆小，不敢与人交流。直到今天，她鼓起勇气再次向老师发出求救信号，我便不能忽视了。

在安抚好小李的情绪之后，我去咨询了学校心理健康中心的朱老师，她向我科普了小李的这种心理状态，并在与小李沟通后建议小李转介就医。我与小李妈妈打电话说明了这个情况，果然，小李做完检查后被确诊为抑郁发作。我第一时间联系了朱老师，确定需要和家长、学生进行面对面的沟通，签署风险告知书。

这次她来学校，我和朱老师都发现了她在确诊为抑郁发作之后，状态和之前大不一样，整个人焦虑、害怕，易受惊吓，结合医生的诊断与建议，她开始入院治疗。治疗期间我仍然与她保持联系，在治疗期间她出现了自残、记忆力减退的现象，常常一件事情要跟我重复很多次，我从来没有打断她，渐渐地她会主动给我打电话陈述她的身体状况，分享医院中发生的事情，虽然情绪起伏依然很大，但是她明显对我产生了依赖和信任，甚至跟我说只有在跟家人和我讲话的时候，才可以感觉到这个世界是真实存在的。在与她交流之后，我也会再给她妈妈打电话确认她的状态。在此期间，我将每一次交流都写入心理追踪表以便更直观地了解她的状态变化。

总结反思

一、辅导成效

后来比较遗憾的是，因为她病情再次加重，必须入院治疗，所以只能休学，但是住院期间我依然跟她保持联系，并记录她的状态。她从一开始的迷茫、害怕、无助，到慢慢地接受、配合，时常会给我发消息、打电话分享她的生活，我也会进一步跟家长沟通了解她的情况。经过几个月的住院治疗，她的抑郁情况有了明显的好转，除了接触人群依然会让她焦虑以外，其他的症状都有所减轻。昨天她回学校来整理书籍和寝室，我在学校与她见了面，她送给我亲手织的围巾和拼的积木，状态也有所恢复，虽然她说看到人依然会很焦虑，但是已经不会用自残的方式伤害自己了。

小李现在已经回归正常的学生生活，我时常会去找她聊聊近况，现在她能主动表达内心感受和想法，对老师和同学们的问候不再保持警戒的状态，身体姿态也更加自然了。有一天她跟我说，感觉我是她人生中的一束光，我回答她，说出这句话的你何尝不是我生命中的一束光呢？也正是她的这句话，我深深感受到了我作为教师的价值所在。与其说教书是教书育人，不如说教书是一个灵魂去唤醒另一个灵魂。

二、反思感悟

在这件事情的处理上，我认为我做到了耐心、倾听、鼓励。有的学生可能不知道怎么准确地表达自己内心的感受，这个时候就需要我们老师耐心地引导。所以不要忽视学生对我们发出的求救信号，要重视他们的心理需求，因为人各有异，每个学生都是不同的个体，遭遇同样的挫折，内心强大的会挺过去，重新再来；而内心脆弱的则会一蹶不振，萎靡颓废，甚至抑郁成疾。多倾听学生的想法，多鼓励学生表达内心的想法。我其实也不太确定做了什么可以让小李现在如此信任我，我觉得可能是一次次的交流沟通，一次次的语音电话，又或者是会回应她的每一次分享。

我很庆幸小李愿意相信我，向我求助，同时我也在反思在此之前为什么没有看出她有心理焦虑。她在班上成绩很好，和同学相处也很融洽，对于她的不爱说话，不喜欢回答问题，我也简单归因于内向与胆小，所以在她第一、二次找我谈话的时候，我并没有感觉到她的抑郁的状况，第三次谈话她告知我初中时期有自残想法，并且用小卡片实施过自残行为的时候，我才联系了朱老师，这是我经验不足和专业知识素养不够造成的，我也进行了反思，工作之余应该多去看一些心理相关的书籍，要及时发现学生的细微变化，这样才能更好地帮助他们。

20

不要着急每一朵花盛开的时间

刘甜

如果说每一个学生就是一朵待开的花，那我的班级就有57朵这样的花。其中50朵是女生，7朵是男生。赠人玫瑰，手留余香，在给花朵浇水的这个过程中，看似是“园丁”帮助了花朵努力生长，但其实浇水的“园丁”，也就是我这个班主任，也潜移默化地学习和成长了很多。

背景描述

作为全校男生最少、女生最多的班级，这似乎预示着我的班级会面临很多剪不断、理还乱的心理、人际关系问题。一语成谶，高一入学心理普查中就发现存在心理问题的学生有9人，包括后期表现出情绪失控的学生加上家长主动告知存在心理问题的学生，一共有13人(全是女生)。尽管我早已有心理准备，但班级接二连三出现的女生情绪失控和心理问题，让师生关系前所未有地紧张，也让我黔驴技穷，感到茫然，有点无计可施了。

但教育工作者岂是面对困难就畏难的人，我开始反思与复盘，心理学家贺林渥斯曾形象地将青春期称为“心理上的‘断乳期’”，如何帮助青春期学生在这一时期树立正确三观，让他们在认识水平和自我调控能力上得到发展，是我该做也正在做的事情。现将此过程中具体案例及处理过程分享如下：

班级某女生吴同学，学习成绩中等，性格偏激且情绪不稳定，对男生存在抵触，不愿接受批评，特别是对家长和老师的教育有较严重的负面反馈，缺乏安全感。入校军训后的一周，吴同学在课堂上因一件事情不顺心和同学发生矛盾，将书直接甩出窗外，目睹这一幕的我感到十分惊讶，随即走过去和她说有什么问题和委屈可以和老师说，这样的行为不妥，会影响其他的同学。她很不礼貌地回复了一句："我不和你说，你解决不了。"周围同学劝她好好和老师说话，这件事又不是老师的问题。她回复了一句："她不配。"这句话重重地打击了我，我当时心里既愤怒又难过，但还是故作镇定地说了一句："你先冷静一下，什么时候想和老师说了再来和我说。"我在想，我是哪里做错了，她的话为什么如此偏激？

棘手的事情再次来临，某天她与班级学习委员曾同学（男生）发生了严重的矛盾。据了解，是因她多次问曾同学问题却没有得到及时且满意的答复（因为她的态度不是很友好），于是吴同学感到愤怒，对着曾同学大发了一通脾气甚至动了手，曾同学被打哭了并很委屈地告诉了家长。我尝试询问他们事情经过，但是吴同学完全不愿与我沟通，我只好将她的家长请来学校。她在得知家长来校后表现得非常愤怒，歇斯底里地跑出教室。

吴同学状况不断，这些让我感到困惑，也引发了我的思考……

解决策略与方法

首先我尝试争取家长的理解与支持：我及时与家长联系并了解了吴同学的家庭情况和表现，理解家长的心情、倾听家长的想法，并与家长进行深入的思想沟通；平时多向家长反馈孩子在学校的情况，让家长感受到老师对孩子的关心，争取家长的信任，从而与家长在孩子的教育问题上达成共识，获得支持。

其次我用心关注，借助外力，坚持疏导教育：面对这类学生，避免直接批评，保护他们的自尊心。平时多关注这类学生的日常状态，通常他们的情绪都写在脸上，也要借助他们好友的力量了解情况，及时发现，尽早干预。当他们犯错误或者有情绪时，给他们一个空间缓解和释放。在吴同学多次出现情绪问题时，我会尊重她，让她选择自己想倾诉的对象，不管是家长还是班上的好友，当她的情绪得到释放之后，家长和学生都会在第一时间告知我事情缘由。此时我就能有针对性地帮助她解决问题，进行疏导，给她建议。

设计出身的我突然想起画家梵·高曾说过这样一句话：每个人心中都有一团火，路过的人只看到烟。吴同学的问题在表面上得到了解决，但我知道她心中的那团火没有灭。所有情绪的表现都有其背后的原因，所有师生关系的发展都需要交心。后来我通过与家长、吴同学同寝室学生的交谈，以及在一次和吴同学深入交流的过程中，终于知道她产生这种情绪的原因：一是中考失利，来到职业学校，并且没能如她所愿进入重点班而产生极大落差与不满；二是家庭教育方式不当，家长忙于工作很少与孩子深入交流，在面对是非问题上纵容包庇，缺少正确的引导，导致她在面对错误时不愿接受批评；三是初中时被男生欺负，她告诉班主任后事情并没有得到解决，任由欺负她的行为存在，她只好选择沉默，导致她对现在的班主任、班集体不信任且没有安全感。于是我因势利导，扬长避短：我发现吴同学其实是一个很爱学习的孩子，内心充满着责任感，我让她担任课代表，使她把大部分心思转移到学习和工作上，并经常在班上表扬她，肯定她的责任心，也让其他同学理解她工作的难处，积极配合她，在她学习上给予帮助和信心。

总结反思

一、辅导成效

每个学生都想获得信任与肯定，这便需要我们班主任的正确引导，去保护其自尊，关注其心理情况，帮助其解决困扰，时刻给予鼓励。之后，吴同学在遇到问题时就会拖着她的小伙伴来找我，与我的沟通也越来越多。我以此为契机，让她当学习组长来帮助班上成绩较差的男生，引导她正确看待男女同学之间的关系，消除对男生的偏见。

现在的吴同学不再轻易情绪失控，与同学相处更融洽，对待老师也更礼貌了。家长多次发信息向我表达感谢，感慨孩子的进步与变化。而让我更欣慰的是她在教室里笑容更多了，也比以前开朗很多，拥有了一种明媚的、属于青春特有的快乐。

二、反思感悟

其实，像吴同学这样的孩子在我们班上还有很多，他们的心思极为敏感，面对问题时，或者习惯选择沉默、自我伤害，或者情绪失控。我花了很长的时间去了解背后的原因，也通过系统的学习去尝试帮助他们解决问题。

不要着急每一朵花盛开的时间，兰花在春天高洁、荷花在夏季清廉、菊花在秋天淡然、梅花在冬季坚韧。给青春期的孩子们一些成长的时间，我们只要带着教育之心、怀着教育之爱陪着他们，终能花开满园！

21

教育是根植于爱的

曾曼玉

鲁迅先生曾说过："教育是根植于爱的。"教育之根本在于心灵的启迪与爱的传递，没有爱就没有教育。而在教育的广阔天地中，德育始终是不可或缺的一环，它关乎学生品德的形成和个性的发展。

背景描述

自从来长沙市电子工业学校，我一直担任机电专业班级的班主任，由于专业的特点，机电专业班级的男生众多，比如现在的2307班，班级总共58名学生，其中男生有50名。面对这样的班级情况，我不得不注意到这样一个现实问题：大部分男生个性鲜明，有的性格执拗、情绪容易冲动，有的纪律意识相对薄弱、行为不够规范，有的爱顶嘴、较自我。在这样的背景下，如何实施有效的德育教育，促使学生行为规范化、学习意识增强，成为摆在我面前的一大挑战。

在高一开学之初我就遇到了这样一位较为典型的学生。在军训结束放学当天，他就在班上展现了他的"锋芒"。在讲放学注意事项时，他无视老师随意离开座位去丢垃圾，在被口头批评教育后，没过多久，他再一次无视纪律，离开座位接水喝，在全班57双眼睛的注视下，这样的行为无疑是在挑战班主任的权威，于是我让他罚站，他站得歪歪扭扭，嘴里不停地嘟囔，一脸不服气。放学后，我将他单独留下来，想跟他进一步沟通，而他的抵触心理极其严重，拒绝正常交流，言语上对我充满了不尊重；当我联系他的家长时，他的情绪突然崩溃，开始大哭大闹，背着书包往外冲，见此情况，我急忙向年级部寻求了帮助，而当年级部老师过来后，他更是扬言再来一个老师他就从楼上跳下去。

自此，他成了这个班级里第一个我重点关注的对象。在后续的观察当中，我发现该同学性格执拗，经常因为一些小矛盾与同学发生争执，且情绪易激动，容易崩溃大哭；对老师及班干部的管理极其抵触，课堂上爱趴着睡觉，作业草率应付，喜欢和老师顶嘴，纪律意识薄弱。他的这些行为不仅影响了自己的学习，也对班级的秩序造成了不良影响。

解决策略与方法

经过与他本人及其家长的深入交流，我们发现问题的根源在于几个方面：

一是家庭溺爱，导致性格任性。比如：当我跟他的父母反馈他在课堂上时常习惯趴着，有时会打瞌睡时，他的父母会第一时间给他找理由，说可能是天气太热了，容易犯困。

二是学校生活压力大，缺乏有效的压力释放途径。第一次寄宿的他本就不太适应校园集体生活，且班级的管理模式对他来说过于严格，很多学习任务难以完成。

三是自我认同感低，缺乏成功体验和正向激励。他成绩并不好，按他自己的话来说，他都不知道他是怎么能进开慧班的，在班级的学习生活中，他也没有从同学和老师处得到获得感和认同感，没有学习激情和奋斗目标，只想浑浑噩噩地混日子。

这些问题相互交织，最终导致他的行为逐渐脱离了正常轨迹。这些问题像是一股强大的力量，不断拉扯着他，使他逐渐失去了方向感，无法再按照原来的正轨前进。只有认识到问题的存在并采取积极的措施去解决，他才能重新回到正轨上，继续前行。所以，针对上述问题，我采取了以下策略：

一是建立信任关系。对于该同学，我主动亲近他，通过一对一谈话，了解他的内心世界，给予他理解和支持，给予他适当的关爱和帮助，慢慢地，他收起了他浑身的刺，对我逐渐信任和亲近。

二是强化纪律教育。通过班会等形式，加强纪律意识的培养，让该同学明白遵守纪律的重要性。增设规矩，明确课堂纪律和作业要求，与该同学一起设定违规的后果，并严格执行，培养其责任感和纪律意识。

三是情绪管理训练。教授一些基本的情绪管理技巧，如深呼吸、换位思考等，帮助他在遇到冲突时能够冷静处理。

四是激发学习兴趣。通过观察，我发现他的各科成绩中，数学的六十分相比其他科目的二三十分显得格外耀眼。于是，我经常在数学课上让他回答一些基础性的题目，对他大肆表扬，提高其自信心和自我价值感；同时，设置一些可达成的目标，比如下次考试及格等，鼓励他为之努力，并在达成目标后给予适当的物质和精神奖励，一步步提升其学习兴趣。

五是引入心理辅导。在高一上学期心理筛查时，我将他的情况报告给了心理老师，希望能从心理辅导上给予他帮助。

六是加强家校合作。与他的家长保持密切沟通，确保学校教育和家庭教育的一致性。

总结反思

一、辅导成效

经过一段时间的努力，他的行为有了显著改善。他开始尝试用更加积极的方式解决冲突，对老师的指导表现出了更多的尊重和配合，会主动为班级做一些力所能及的事情，班级的整体氛围因此变得更加和谐，大家的学习意识也有所增强。这一变化不仅体现在他一个人身上，整个班级都因德育工作的深入而呈现积极向上的趋势。

而这个学期他的转变更是令我惊讶，他开始主动整理数学笔记，主动写周记，他坚持的行为真的很“酷”。这学期，他给自己定了一个数学 100 分的目标，上次考试他考了 99 分，距离他的目标只差 1 分，他也会主动在他的周记里总结和分析丢分原因。虽然他嘴上一直说着很遗憾，但我从他的眼睛里看到了学习的斗志和热情。我想，下一次，他一定能实现他的目标。

二、反思感悟

该同学的转变使我深有体会。首先，在教育工作中，教师对一个学生正向的影响绝不是一朝一夕之功，这需要教师的耐心、细心和持续的努力。德育工作需要因人而异，因材施教。最为关键的是，德育的路上，爱是贯穿始终的，班主任对学生怀有真诚的感情，学生才会“亲其师，信其道”，自觉、愉快地接受班主任的教诲。唯有我们做老师的心中有爱，才能去坚持不懈地相信每个孩子都有无限的发展可能；只有真诚关爱每一个学生，才能点亮他们心中向善的灯塔，引领他们走向更加光明的未来。

22

怀揣爱心和耐心，做学生成长的摆渡人

颜春

学生成长的路上会有各种磕磕碰碰，作为人类灵魂的工程师，我们要怀揣爱心和耐心，做学生成长的摆渡人。

——题记

背景描述

易同学，是报完到后插到我们班参加军训的。第一眼看见他时，他默不作声，根本不愿意与我多说两句话，而且跟他说话的时候，他好像很紧张又很抗拒。在接下来的一年多时间里，他一共被没收了三台手机，可想而知他的手机瘾是非常大的。他的父母离异，每一次叫家长来学校处理问题都是他爸爸过来，可以感觉到，他溺爱孩子，生怕多说一句话就会伤害到孩子，怕孩子发脾气，甚至还不让我说重话，所以才会导致孩子一而再再而三地违反校纪校规。其实这个孩子很聪明，别看他经常在早自习“闭目养神”，但背起课文来相当快。

直到上个学期末，他妈妈与我取得了联系，主动说要来学校来了解孩子平常的学习状态和行为习惯。当天我又从他书包里发现了一个手机，在与他妈妈交流之后，他妈妈觉得应该要陪伴孩子，决定后面由她来抚养孩子。之后我都会给他妈妈反馈他在校的表现，他妈妈也会及时督促孩子，家校配合起到了很大作用。

开始文化普测的时候，第一周他没有按要求完成任务，导致返校后的一周时间他每天中午、下午都被留下来做题。不像有的孩子可能随便做一下就完成任务了，他是很认真地在做题，我要他做多少遍，他都会达到了要求才回家。通过一周的“魔鬼”练习，他进步了很多。即使在学校没完成的任务，他也会清早起来，在公交车上完成并截图发给我。他越来越有自信，记得有一次他很兴奋地来告诉我，他计算机考试拿到了 100 分。同时，我也给予鼓励，他学习的积极性更高了。这也是我希望看到的，他会主动去学习了，甚至主动去提升，看到这一点我非常开心。这也让他感受到了，老师没有放弃他，妈妈没有放弃他，所以要给予孩子爱，他才能感受到，也才会有动力去学习。有了家长的配合，学生也有了很大的进步。

解决策略与方法

班主任作为班集体的组织者和管理者，举手投足影响着学生的成长与发展，每一个细节都彰显着教育的魅力。作为一名班主任，我和孩子们朝夕相处，亦师亦友，其中既有心有灵犀的默契，也有规范管理的碰撞。

一、善于倾听，共情理解

倾听是技巧，是一种修养，更是一门艺术。叶澜教授说：“要学会倾听孩子们的每一个问题每一句话语，善于捕捉每一个孩子身上的思维火花。”要善于做孩子们的倾听者，不要忽视了孩子们的内心想法，我们成人有思维、有想法，孩子们也是一样的，而且孩子们的思维和想法更值得我们关注。

作为老师，特别是需要共情，不能歧视，做好引导，学生信任你才会跟你说心里话，我能做到的就是倾听。有的学生可能不会当面跟你说，但在作业中也会表达情感，与我进行沟通，这也是一种倾听的方式，倾听之后给予反馈。

在日常生活中，并不一定要时时刻刻都对他们很严厉，他们也会觉得很压抑，时而给他们一点放松的情绪，他们也会更加愿意找你谈心，他如果愿意来找你，说明他对你是信任的，那么这个时候你就不能把他往外推，而是应该耐心地去倾听，有一些事情，只要说出来就会使心情好很多。

二、真诚陪伴

最好的教育不能仅仅包含知识教育，更要注重情感教育，而情感教育最重要的方式就是陪伴。

办公室的老师经常对我说，“你怎么又在这里?”，因为我经常没有晚自习也待在办公室。我觉得孩子们时刻离不开我，或许也是我离不开他们吧。我的座位旁总有很多孩子们围着我，他们什么事情都愿意跟我分享，其实他们是希望得到反馈，得到爱，得到安全感。所以我会花更多的时间去陪伴他们，平时会陪他们跳绳、陪他们研学、陪他们练跑步、陪他们打羽毛球、陪他们合唱、陪他们排练运动会入场式、陪他们跳舞、陪他们一起玩游戏，查寝的时候陪他们聊天。

班主任工作说不累，那是假的。因为在你好不容易能休息的时候，班上的孩子们就会给你弄出点“动静”，你就得去处理。有时候我也会觉得他们一点都不体谅我，也不好好学习，有一种恨铁不成钢的无力感。所以很多时候我会很生气，甚至委屈得掉眼泪，但一想到他们可爱的一面，瞬间心情又会好了，就会跟自己说要坚强，你是 53 个孩子的坚强后盾。他们经常也会做出一些让我感动的事，看我没有吃早餐，会给我递上早餐；给我准备好看的水杯，看我没喝水会倒上水提醒我喝水，还会写纸条提醒我，吹凉了再喝；看我生气心情不好，会送我莫生气的摆件和我的大头贴摆件让我开心，给我买甜甜的小蛋糕；为我桌上摆上鲜花，让我心情美丽。所以当你的付出得到了相应的回报和反馈，你就会觉得做的工作有价值，很有幸福感。毕业了的学生也会经常来看望我，跟我聊聊他们现在的学习生活，获奖的学生和被录取的学生，也会第一时间跟我报喜，每当这个时候我就感到非常欣慰。

师生关系的良好状态就是亦师亦友，彼此尊重，相互关心，携手共进，学生能乐于学习，老师能寓教于乐。

三、家校携手并进

孩子的行为是家庭教育的折射，孩子的成长离不开好的家庭环境的影响。要想改正孩子的不良行为，还得从他的家庭入手。身为班主任，作为联系学校教育和家庭教育的桥梁，起到了举足轻重的作用。不管是老师还是家长，我们都要给予孩子爱，心理学家认为“爱是教育好学生的前提”。我们教育的对象是活生生的人，教育过程不是技巧的展示，而是充满人情味的心灵交融。

总结反思

在更新教育观念的今天，作为一个热爱学生的老师，有责任让学生树立信心进而达到育人的目的。以心交心，以爱换爱，我用爱在学生的心头洒满阳光，用爱架起与学生之间感情沟通的桥梁，在引导学生走向光明前途的同时，我也拥有了一份做教师的快乐。教育不是一朝一夕的事，爱与宽容也不是姑息迁就，更不是放任，而是严格要求下的理解尊重。做学生的良师益友，才会有学生的亲其师和信其道。

23

沉着冷静 积极应对

李敏

苏霍姆林斯基说过，“要记住，你不仅是教课的教师，也是学生的教育者，生活的导师和道德的引路人”，“父亲和母亲是如同教师一样的教育者，他们不亚于教师，是富有智慧的人类创造者，因为儿子的智慧在他还未降生到人间的时候，就从父母的根上伸展出来”。是教师也是母亲的我，想通过一个案例谈谈我的几点思考。

背景描述

张同学所在的2001班是我在高三上学期接手的一个电子专业的单招班。张同学已于高三上学期寒假前，经个人申请、家长同意、学校批准，于高三下学期自主择业。高三下学期高考报名前，我主动联系了张同学。他说因为家庭原因，决定放弃高考报名，自己已经在外打工，家长知晓并同意。

2023年4月4日早自习时间，隔壁2002班的班主任肖老师突然神情慌张地到教室找我说，我班的张同学与她班的陈同学，4月3日深夜在益阳街头骑摩托车发生了车祸。陈同学伤势稍轻，张同学伤势较严重，目前在ICU昏迷。听到这个消息，我心里咯噔一下，立马在脑海里检索张同学在校的过往。虽然担任他的班主任只有一个学期，但是从高一到高二，我一直是该班的任课老师，对张同学的情况比较了解。他高高大大，长得比较帅气，篮球打得不错，个性张扬，在遵守学习纪律上比较散漫。值晚自习时，我发现他经常有迟到、缺席的情况，我总会与班主任确认情况，同时让学生帮忙找人。在我接手该班的一个学期里，他仍有各种违纪情况情况，与家长(在外省)电话交谈的时候，家长很多时候不太配合，总是指责学校、指责老师，对自己孩子比较袒护与溺爱。我从前班主任那了解到，张同学是单亲家庭，家长处于重病恢复期，不能受过多的刺激。因此我也一直本着教育的初心理解家长，与张同学坦诚沟通交流。让我无奈的是，张同学道理都懂，但依旧我行我素。他的性格及处事态度，或许都为这次事故埋下了隐患。

解决策略与方法

张同学发生事故时，家长还在深圳，对孩子的伤情不知详情。听闻事故后，我立即做出了以下反应：首先，向学校了解学生意外事故保险理赔事项。接着与保卫科科长、高三年级部长、事故中的另一学生的班主任一起商量积极应对措施，并在校领导的牵头下于 4 月 4 日中午从学校出发，驱车赶往益阳的医院看望学生。在 ICU 病房外，我们从张同学的亲戚处了解了他的最新伤情，并再次与在高铁上的家长取得了联系；随后赶往处理事故的交警大队了解情况，并向与张同学关系好的同学，了解他事故前的动态；之后再次返回医院看望学生。见到家长后，我们对家长进行安慰与鼓励，告知学校在想办法帮助家长学生共渡难关。真心换真情，这次，家长对学校感激之情溢于言表。一番折腾下来，我到家时，已是深夜 11 点多。

之后的几天，校团委会组织全体师生进行了捐助；我每天也都会通过电话、短信安慰家长，了解学生的伤情，并及时向主管校领导汇报；作为 2001 班的班主任，我对在校学生加强安全教育的同时，也在班级家长群、学生群对申请在家自主学习和择业的同学反复进行安全教育及提醒。

4 月 12 日，校领导再次与我去往医院慰问，并将已筹集的全校师生的捐款转交给张同学的家长。这次，我们看到了转入普通病房的张同学，由于伤势严重，他并未完全清醒，在家人的呼唤下，可以做出一些反应。据了解，后续的手术、治疗、康复费用还相当大。事件处理告一段落，非常感谢丁校长牵头的校工作组对此事的关注、关心与周密安排。从事发到现在，家长对学校为孩子所做的一切是满意与感激的。

总结反思

一、对班主任工作的思考

(1)班主任工作繁杂，因此一定要细致全面，该有的手续流程不能偷工减料，只有工作到位，才能在任何情况下从容面对，不给自己“挖坑”，不让自己陷入被动之中。

(2)班主任要与时俱进，了解不同时期的学生的发展现状、可能出现的问题，使工作具有前瞻性。

(3)班主任要保持终身学习的习惯，不断总结与积累经验，培养分析、探索与解决新问题的能力。

二、从家长角度的几点思考

(一)惯子如杀子

家长不明事理，孩子没有规矩意识、底线思维、敬畏之心，出事在所难免。现在流行这样一种说法，你不教育孩子，社会便会狠狠地帮你教育他。张同学的家庭固然有其特殊性，但这种情况的家庭在中职学校并非个例。家长如果能用心陪伴、教育好自己的孩子，而不是把孩子交给老人带，惯着、宠着，如果在孩子违纪时，家长能配合学校，管理教育好孩子，那么孩子大概率也不会无规矩无纪律、自怨自艾、“摆烂躺平”，而是会努力改变自己的命运。

(二)人教人，教不会；事教人，一次就够了

尽管学校、老师，时刻教育学生往返学校途中或在外一定注意安全，遵守交规，但在没有出事前，大多数孩子对安全教育是置若罔闻的。比如这次出事的张同学，他还没有取得摩托车驾驶证，据说之前和家长说起过想买摩托车的事，出事骑的车还是从亲戚处借来的。我想，这件事应该能教会他家人些什么吧！

(三)教育好自己的孩子，不只是老师的事，更是父母这辈子最重要的事业

是母亲也是教师的我，对教育方面的问题思考很多，虽然我的孩子 13 岁了，我从事教育也有 20 余年，但对教育中出现的新问题，我并非都能应对自如，时常会有困惑、焦虑。我常想，父母如果能培养出一个身心健全、自食其力的孩子，已是不易。如若孩子还能有益于他人、造福社会，那更是尽如人意。

纵观现在社会的各个家庭，多少父母人前风光无限，可是谈到子女，眼里便失去了光彩，满脸落寞。我一直认为，如果每个父母都能尽好职责，当好孩子的第一任老师，指导孩子系好人生中的“第一粒扣子”，社会就会更加的安定与和谐。“再苦不能苦孩子”的思想，养出了多少精致的利己主义者！就业需要各种资质与上岗证，但做父母是不需要先取得“合格父母证”的，这便更需要为人父母的我们，不断学习、思考与践行为人父母之道。

有人说，“教育的路上最大的不幸是家长越位、老师让位、学生错位”。

有人说，“教育就像一个鼎，只有老师、家长、学生一同发力，才能三足鼎立”。

也有人说，“最好的教育是老师合力，家长接力，学生努力。老师合力，点亮孩子的世界。家长接力，推动孩子的人生。学生努力，不负自己的年少”。

让我们各就其位，各司其职，协同努力，做好教育这份良心事业。

24

一次耐人寻味的作弊背后

谷娟

背景描述

3 月 9 日，月考的第一天，我正准备去监考第二堂考试时，手机屏幕突然弹出一条同事发来的消息：“谷老师，你班 Z 同学英语考试作弊，偷看右座的答题卡，告诉你一声哈。”我心里一惊，Z 同学？我班的得力班干部、我一向很看好的得意门生、班级前几名，竟然会作弊？我实在难以置信！看到消息的瞬间，我怒发冲冠，箭步奔到了混合考场前，心想我一定要把他拎出来劈头盖脸地狠狠批评一顿。然而，当我透过考场窗户，从外面瞥见了坐在靠窗位置的 Z 同学时，他正在低头专心地填涂答题卡。

我顿时停住了脚步，脑海里闪过了一个又一个的念头，假如此刻的我暴跳如雷地把他抓出来，当众质问其为什么要作弊，并将其交送至教务科进行处理……会产生什么样的后果呢？细想，轻则可能会影响他在本堂考试的状态，重则可能会伤害他的自尊心，让他在师生面前抬不起头，从此他可能产生厌学情绪，甚至一蹶不振、自暴自弃。于是理智告诉我：不能冲动，冲动是魔鬼！还是等他考完这堂考试再作处理吧。

那么发现学生作弊，班主任到底应该怎么做？如何进行批评教育而又能恰如其分地进行心理疏导呢？

解决策略与方法

一、调查证据，全面客观地了解事件经过

作弊问题必须查有证据或者学生自己承认，既不能出现随意判断或冤枉的情况，也不能纵容任何一个错误。为了弄清本次作弊事件的来龙去脉，我第一时间找到了监考老师，了解当时的具体情况，而后又去教务科调取了考场监控录像，获取了相关证据。视频中，Z 同学前后连续三次撇看右座同学的答卷，被监考老师没收答卷后迅速低下了头，脸颊涨得通红，而后垂头丧气地走出了考场。看着他沮丧的身影，我的心里也颇不是滋味，作为班主任，当务之急是温柔而又有效地处理这起违纪事件。

二、个别谈心，理清原因并进行心理辅导

在我固有的印象中，一般只有学习成绩不好的学生才会想着投机取巧、采用这种不光彩的手段来取得好成绩，可是 Z 同学，为什么也会作弊呢？我百思不得其解。所以处理此次事件的关键，是要先找到其作弊的动机与原因。我先让 Z 同学在办公室将作弊的前后情况一五一十地写在信纸上，然后再与其沟通了解作弊原因。询问得知，他的英语一直都是弱势学科，从未及格过，他强烈渴望英语成绩有所进步，考前还和妈妈保证这次英语分数一定能突破及格线，而在考英语时却发现题目有些难，于是就动了“邪念”。

在其说完作弊原因后，我先肯定了他希望考好的心理，指出渴求进步是可以被理解的。接着我又询问道：“你认为通过这种方式提高分数是正确的吗？”从而引导其认识到作弊行为的错误性和危害：考试作弊不仅违背了考试的原本意图、影响了考试公平，还会助长部分学生投机取巧的心理，甚至败坏考风和学风。他表示非常后悔，不该通过不诚信的方式提高成绩，他也表明愿意承担相应的处罚。看到其懊悔又诚恳的神情，我肯定了他知错能改的勇气和决心，并和他一起商量了处罚决定，其中有一点是将此次事件告诉家长并主动认错，我把向家长告知违纪情况的主动权交给了学生，是想在尊重他的同时给予其改错的机会。最后，我又就如何提高英语成绩给予了几条建议，并提出了几点希望，希望他明白考试其实是一个查漏补缺的过程，不必产生过大的心理压力，

而且诚信比好成绩更为重要。同时我也进一步表态，相信他会在今后的考试中遵守考试纪律，并鼓励他刻苦学习，继续做同学们学习的榜样。

三、家校合作，携手用“爱心”铸“诚信”

我先将检讨书拍照发给了Z同学的妈妈，而后通过电话与她进行了沟通。我首先表扬了Z同学近段时间在学习上的积极进取状态，然后再对此次违纪事件表示遗憾，并询问其是否可以分析出原因。庆幸的是，她是一位明事理、懂教育的母亲，一番沟通之后，她意识到了自己在与孩子树立学习目标时所忽视的循序渐进的问题，并表明，等孩子周末回家之后会和他再深入交流此次违纪事件，并调整自己作为家长的心态，和孩子一起树立健康向上的进取心态，给予其更多的关爱和鼓励。

四、把握教育契机，以主题班会引领诚信教育

事发的第二天刚好是周五，于是我决定以此次作弊事件为教育契机，在班级开展一堂班会课，主题是“我看考试作弊”，并且我做了一个大胆的尝试，安排了这次违纪的Z同学在班会中以演讲的形式分享其考试违纪的经历和心路历程，从而让同学们引以为戒，恪守诚信、严格遵守考试纪律。

意外的是，此次班会课，同学们的参与度很高，超出了预期效果。在讨论环节，很多同学都对Z同学勇于承认错误并知错能改的举动给予了肯定。临近尾声时，Z同学笔挺地坐着，脸上再次洋溢着久违的笑容。我知道，他的这一心结打开了，“疮血水”也已流出，当班会课结束的那一刻，我总算舒了一口气，此次舞弊事件的处理终于暂告一段落了。更令我欣慰的是，Z同学在之后的时间里，一直保持着积极向上的学习状态，对班级工作如黑板报设计、卫生打扫和早读管理等也表现出了比以往更高的积极性。

总结反思

在本次学生考试作弊案例的处理过程中，我也收获了一些反思。我很庆幸，在事发的第一时间没有简单粗暴地大声训斥，而是冷静之后再心平气和地以充分尊重和宽容学生为前提，按照恰当合理的处理程序一一进行，最终也收获了意想不到的德育效果。正如哲学家黑格尔曾言：“错误本身是达到真理的一个必然环节，由于错误真理才会发现。”一般情况下，错误中总包含或多或少的合理成分。一次违纪，也可能会成为一次教育契机。当我们紧抓教育契机，在学生即将陷入深渊时，及时拉一把，或许我们就能使其悬崖勒马、改变其一生。苏霍姆林斯基在书中写道：“有时宽容引起的道德震动比惩罚更强烈。”是啊，教师的宽容作为一种温柔的力量，往往能如暖流般浸润学生的心扉，宽容又何尝不是一种教育！

教育学家陶行知曾说过，教育能改变人，教人变好便是好的教育。作为学生们最信任的班主任，我们在教育时，不妨秉持宽容的态度与胸怀，用一颗仁爱的心去接纳学生成长过程中的每一次错误，在换位思考的基础上，充分挖掘学生错误中的合理部分并积极地加以正面引导，细致、耐心地为他们搭建向上、向善的阶梯。教育是一场温柔的坚持，当我们驻爱于心、潜心育人时，便能享受静待花开的过程。

25

耐心成就教育之美

舒静嘉

教育是细水长流的，有时候很难立竿见影，我时刻告诉自己：孩子的成长需要耐心和理解来滋养，不能操之过急，唯有怀着爱的持之以恒的教化，才能让德育的种子在石头上开出花来。

背景描述

担任2022级班主任已有2年时间，我所面对的学生群体较为复杂，家庭环境也呈现出多元化态势。经过我细心观察和了解，很多学生是缺乏完整的家庭教育、缺少家庭温暖的，他们的家长或是缺少有耐心的引导和管理，或是心有余而力不足，导致他们在十五六岁的年纪便在心理上出现了很多问题，甚至有学生呈现出了孤僻自卑、言行偏激等较为严重和棘手的青春期问题。

我所带领班级的一名学生刘小明（化名），性格敏感，很在意他人对自己的评价。他在课堂上虽然积极性较高，但是喜欢随意插话和起哄，缺乏约束。针对此情况，我与他进行了单独谈话，了解后发现他鲜与家人沟通交流，并对家人伴有排斥心理和习惯性撒谎行为。谈话过后，我对孩子的在校行为及谈话内容进行了梳理，发现该生在校期间并未有过大型违纪事件，但是在性格上表现为过度聒噪，情绪容易激动，我猜想是否和其家庭环境有关联呢。为此，我与其母亲进行了多次联络，通过他母亲的描述，我了解到这个孩子的家庭环境较为特殊。他的父亲患有糖尿病及多种并发症，腿部已截肢，失去劳动能力，有残疾证，是法律认定的残疾人士，多年来无法工作，现居女儿家中，由女儿照看；家中主要收入来源于常年在外务工的母亲，所以每逢开学时，他都是独自来校，家中无人可以陪伴。他的母亲反映孩子初中前期的成绩一直都好，后来有了手机，经常跑去同学家上网，导致学习成绩下降。其父因为身体原因，自顾不暇，也缺乏教育能力。其母则为了养家一直在打工，很少在家，自身也因为没有接受过良好教育，导致不懂得如何教育孩子，加之该生家住在农村偏远地带，交通不便，平时很少回家，也缺少与家人的沟通与交流。这些都加大了该生的转化难度，事情一下子变得很棘手。

心理学研究表明，一个人的童年经历，特别是原生家庭，对个人性格、行为、心理起着决定性的作用，并且会产生长期、深远的影响，甚至会决定一生的幸福。该生母亲在入学初就通过微信联络了我，询问具体的缴费情况，因为不懂得网络相关操作流程，所以每次都是通过将钱转给学生的方式缴纳相关费用。在此过程中，她嘱咐我不要告知孩子，说明她不想破坏她在孩子心目中的形象，更不想让孩子觉得她由于不信任他而过于管束他。孩子是父母的一面镜子，这个年纪的孩子身上的很多习惯都是来源于家庭，孩子缺乏陪伴和爱，是导致性格缺陷和行为乖张的主要原因。家庭教育的缺失，渐渐造成了该生唯我独尊的性格，自律性较差，无法管控自己，在意他人的言语，不甘心被贬低，时刻做出“防御”的姿势；同时又想吸引外界的注意，尝试通过制造一些小麻烦以获得存在感。

解决策略与方法

我整理了能搜集到的信息，也找到他身边比较亲近的同学了解情况。发现学生行为习惯不好的主要原因除了他本身，还与家庭教育方法、生活环境是分不开的。教育界有句名言：教育之道无他，唯爱与榜样而已。这时我心里大概有了方向，准备面对问题，进行一一击破，而一次契机助我解决了。

该生在课堂上玩手机被我没收，后来经过检查，发现手机内无 SIM 卡。随后我把该生喊到办公室询问，一开始他拒不承认，后来交出了一张卡，但安装后发现和原号码运营商不一致且已停机。我让他说出实情，他当时解释说是所剩话费不多，可能就是这段时间停机了，电话号码也不记得，我当即便怀疑此话的真实性，但考虑到该生自尊心，并未当场戳破。我顺势假装相信了他的说辞，开始和他聊起了家常。他说起跟母亲的关系不好是因为母亲十分唠叨，经常在他耳边重复念叨，他很反感。我没有正面回答他的话，而是问他有没有吃早餐，他说没有，我说你们正是长身体的年龄，营养一定要跟上，随即递给他一瓶牛奶让他喝了，引导说其实你母亲也很爱你，只是可能她的表达方式不合你的意，但这并不代表这种爱就是不存在的。“你父亲身体不好，母亲又这么辛苦操持家庭，你是家中未来的栋梁”，我缓缓地对他说道。他一时没有说话，我想他大概有些动容，于是我乘胜追击，告诉他你大可以不喜欢我，但你一定不要放弃你自己，不要放弃父母对你的期待。他没有说话，径直回了教室。过了没多久，我收到一条来自他的信息：“老师，对不起，我骗了你，我确实还有另一张卡。”之后他主动将卡交了出来，这一次我并没有批评他，因为我知道他自己心里已经认识到了错误，无须我再去责备，那样反而容易引起反感。我只是问了他一个问题：“做一个诚实的男子汉感觉如何？”他当下并未正面回答我，不好意思地跑走了。

总结反思

一、辅导成效

自那以后，他没有再欺骗过我。不仅如此，作为非班干部的他，后来多次在班级纪律不好的时候，站出来帮我维持纪律。那个时候我就知道，我用一个充满耐心的灵魂，让一朵几近蔫儿的花重新绽放了光芒。

二、反思感悟

中职教育任重而道远，而作为中职班主任，更要以人为本，让学生真切感受到关心与爱。正所谓“随风潜入夜，润物细无声”，在新时代教育背景下，作为教育者，更需要多一些耐心、恒心和真心，尊重每一个学生，循循善诱，因势利导。教育是不断变革的，思想和观念也是不断更新的，中职班主任应与时俱进，在育人中传播知识，力求实现“全员、全程、全方位”的三全育人目标。教育的美来自教育的点滴之中，来自不抛弃、不放弃的高尚情操。我们相信终有一日，中职教育将培养出更多思想道德和科学文化素质全面发展的学生，真正实现中华民族伟大复兴！

26

在小剧场里，遇见更好的自己

朱鸿博

背景描述

和大多数学生聊起校园心理剧这个话题时，他们的反应五花八门——“心理剧是啥？情景剧吗？”“要自己结合生活实际写剧本吗？太难了，我们不会！”“最后要上台表演？算了吧，我们不敢”……作为心理健康教育新的有效手段，校园心理剧越来越受青睐，不仅学校和心理老师认可这种方式，学生也喜欢。但对于从来没接触过校园心理剧的学生来说，要让他们能够自信地创作剧本、大胆地上台展示，运用校园心理剧的形式来调适心理、提高心理健康水平，实在是有些难。

从我校心理普查数据来看，大多数学生普遍因学习成绩不佳、人际关系不和谐、自我偏差等情况存在自信心不足、自尊较低等问题。中职学生正处于自我同一性整合关键期，同一性的确立，关系到他们的健康发展，以及是否更好地适应社会、能否体验到自身价值和人生意义。一节心理课、一次讲座的效果并不显著，如何运用校园心理剧这种覆盖面广、参与度高、体验感强且让学生喜闻乐见的方式协助他们不断正确认识自我，纠正自我偏差，整合自我同一性，是我校心理团队一直在思考的事情。

解决策略与方法

表达性艺术治疗认为“表达即疗愈”。作为其中的一种形式，校园心理剧能让学生在表达过程中宣泄情绪、解决冲突，从角色扮演中发现问题、解决问题。团体动力学理论和人际交互作用理论也认为，个体在团体中更容易习得行为从而产生改变。因此，心理团队采用校园心理剧的形式，将主题定为“自尊自强中职人”，引导学生提高自尊，充分肯定自我、接纳自我。基于学生实际情况，我们进行了一系列调整——去繁就简，先行动起来：把定位从传统的校园心理剧变成心理微视频、mini 心理剧；把时间从 15 分钟缩短为 3~5 分钟；把形式从舞台表演变成实景视频拍摄。三个方面的调整可让学生先做得有模有样，提升自信心，再自然而然产生门槛效应。

一、班主任潜心学习指方向

要做一件事情，我们先得了解这件事情。考虑到学生实际情况，我们先对全体班主任老师进行了前期培训，以便各班能第一时间获得帮助，更多地利用课余时间打磨素材。心理健康发展中心就校园心理剧的定义、内涵、种类、特点、功能、技术运用、创作过程、舞台呈现等内容进行了详细讲解，并依托之前的市赛获奖视频逐一示范各类技术运用，建议班主任将落脚点放在班级最明显、最突出的问题上，引领全班同学探讨，结合主题确定具体方向，将其作为一次团体心理辅导来开展，这样既能达到心育效果，又能在一定程度上引导学生共同解决班级问题，增强班级凝聚力，一举两得。

二、朋辈队伍认真培训定路线

但我们知道，主体仍然应该是而且必须是学生。所以，接下来我们对心理委员、班长、其他感兴趣的班委成员及有写作、表演、编导等相关爱好的同学进行了分类培训，并具体介绍了创作流程，协助他们初步进行分工安排。心理委员重点负责心理技术的使用和心理冲突的把握，班长负责组织管理并调整进度，其他感兴趣的班委成员出点子、召集队伍、收集素材、参与表演、后勤保障，有相关爱好的同学各司其职，确保每个人在自己适合的位置，都有事可做。当然，这仅仅是建议，具体的分工安排由各班自由发挥，灵活处理。比如，孟同学很有拍摄想法，导演和编剧都是他；作为班长的他还承担了组织管理的任务，每项事务都完成得非常出色。最终，他们班的作品《中职生》获得了特等奖。他也从中发现了自己的兴趣和潜能，现如今在湖南大众传媒职业技术学院读影视编导专业，打算专升本，继续深造。

三、心理老师倾情指导锦上添花

不过，校园心理剧创作毕竟有一定的难度，心理老师不可能全部放手，让学生孤军作战。我们遵循不插手、不干预的原则，让学生自由发挥，在此基础上给各个年级部指定分派一名心理老师予以技术指导，并负责统筹整个活动。考虑到学生存在畏难心理及自我效能感不足的情况，心理老师团队依托学生大会及各班主题班会、班级活动时间，给各班加油打气，“如果创作过程中有任何问题，可以随时找心理老师。拍短视频，我们相信在场的你们，肯定比老师厉害，你们一定可以做到！我们愿意当观众，更愿意当听众”。相信学生能够做到，并站在他们旁边，在他们需要的时候予以援手，这对于自卑、认为自己做不到的学生来说，是鼓励和支持，也是肯定与信任。后来，大家反馈：动员后大家跃跃欲试，积极性明显提高很多。

四、学校高度重视保驾护航

最终，11 个校园心理剧微视频作品入围学校决赛。学校原本按照 30%、30%、40%的比例设置了一、二、三等奖，因为这是学校首次开展校园心理剧微视频征集比赛，且采取自愿参与原则，为了保护学生的积极性，故在各年级部进行初赛后再推荐到学校，决赛入围即获奖。但机电专业作品《中职生》心理技术丰富多样、内容积极向上、镜头运用娴熟、表达真实自然、配乐恰到好处，表现特别优秀，出乎所有人的意料，每一个看到视频的老师都大为赞叹，他们点评时提到，学生非常有潜力，值得充分挖掘，成果突出，可以作为示范，应该予以大力支持，最终打破常规设立特等奖。这种心育新形式也获得了各级校领导的支持与肯定。

五、全校观摩以点带面增强实效

紧接着，我们在全校进行了云巡演，利用校园电视台和云黑板系统统一观摩学习。各班心理委员组织全班同学分组探讨：校园心理剧微视频创作，有什么值得借鉴和学习之处？一个活动的组织需要我们每个人做些什么、怎么做？每个人都有自己擅长的部分，是进学生会磨炼自己，还是寻找职业兴趣锤炼技能？是有针对性地参加单招，还是全力冲刺备战对口高考？对于青春我们如何规划？中职学生如何自尊自强，书写不悔青春？每个班根据班级具体情况制订了议题，甚至有的班级在后续的晚自习和班级活动时间仍时不时分析和交流，心育氛围达到高潮。

总结反思

一、辅导成效

在实际操作中，我们发现：校园心理剧微视频活动虽然把时间缩短、形式放宽，不能再称之为传统意义的校园心理剧，但是，其取得的心理健康教育效果不减反增。在后续采访调查中，学生反馈：心理难度降低了，参与度更高，班级凝聚力也明显增强；时间和人员分配更灵活，在比赛那段时间，晚饭后到处可见三三两两的学生，或是探讨剧情，或是分析问题解决方式。班主任反映：班级氛围明显变好了，一些问题在活动过程中也不知不觉解决了，甚至再次遇到问题时还有学生提出可以试着通过表演的形式来寻找解决方法。

二、反思感悟

关于学生成长：每一个孩子只存在差异，而没有差距。让学生挖掘自己的闪光点，提高自信，在小剧场里遇见更好的自己，是心理剧的另一个魅力所在。

关于心理教育：心理健康教育非一日之功，更非一人之力。人人都是心育人，才能让一个学校形成良好的心育氛围，让每个学生都能在需要的时候被温暖、被支持。

27

办公室里见证“爱情”

肖媛媛

情感的萌动是少男少女绕不开的青春期话题，也是家长和教师非常关注且担心的问题。如何看待学生的青春萌动，又该如何引导孩子正确地看待自己的青春情绪？这是每一位教师不应该回避的一个难题。我们可以以此为契机，帮助他们学会处理情感中人与人之间关系，这是人一生中一种重要的能力，拥有了这种能力，即使学生离开校园，也能过一种自在又舒适的生活。

背景描述

体育课的时候，杨同学和谢同学敲响了办公室的门。“报告，肖老师，我想来找你要一个一次性杯子和一包红糖。”杨同学直挺地站在我面前，毫不畏缩地说道。他的死党在旁边，不怀好意地用第三人称叙述方式重复了一遍好友刚才的请求。

我立马警觉起来。前几天，因为班上的几位男生在自习课时传阅言情小说，被我当场抓住。说实话，这是我第一次遇到这种事情。虽然我知道高中生的青春期心理已经开始成熟，身体也慢慢发生变化，再加上班上又几乎全是男生，难免会有点其他的心思。但这种在自习课上堂而皇之地传阅言情小说的行为，实属罕见。意识到事情的严重性后，思前想后，多方征询意见，我立马在班上召开了一堂“潘多拉盒子的禁忌”的性教育主题班会课，大大方方地向同学们介绍了青春期男生、女生会有的各种心理变化和身体反应，以及疏导的正确途径。其中，我就向班上仅有的三个女孩子说过，老师办公室里备有卫生巾和红糖水，有需要的可以尽管来找老师要。但我没想到，第一个来找老师寻求帮助的，竟然是一位男生，而且还是班上最调皮、最爱违纪的“三大天王”之一。这时我才反应过来，班上最近盛行的言情小说的这股风，已经撩拨了这群青春期孩子的心弦。

解决策略与方法

一、注意引导，但不说教

虽然有时教师能和学生保持亦师亦友的关系，平日相处起来和睦愉快，但很多学生从不会在恋爱问题上对老师敞开心扉，其中最关键的一个原因，就是害怕老师和父母一样，就恋爱这个“忌讳”的话题无休止地进行说教，不分青红皂白地“棒打鸳鸯”，不留一点倾诉和商量的余地。于是，我便假装抱着“八卦”的心态，和他们闲聊起来。

“呦，哪个女孩子这么有魅力呀，能够让我们杨同学亲自来班主任办公室要红糖水？”我故作轻松地调侃他，希望能从他嘴里套出有用的“情报”。

“没有，老师，是我自己要喝的。”刚才还气宇轩昂的杨同学一下子变得紧张局促起来，说话的语气和眼神开始飘忽不定。站在一旁的谢同学，更是捂着嘴偷笑起来。

“哎呀，老师是过来人，你们那点小心思，我懂。而且你们也知道，肖老师带你们三个月了，从来都没有打骂过你们，有什么都是和你们耐心商量。那个女孩子是不是我们班的呀，漂不漂亮啊，有没有正式在一起啊？”我假装饶有兴趣地等待着他的回答，同时又将问题抛给了他身边的死党，“来来来，谢同学，你告诉我，老师最爱八卦了，他这是给哪个女孩子准备红糖水呀？他们是怎么认识的呀？”谢同学嘿嘿地笑了笑，说：“老师，那女生不是我们班的，是三楼的，他们才见过一两次面呢。”这下杨同学再也瞒不住了，狠狠地朝这个关键时刻出卖自己的死党白了一眼，老实地跟我坦白了。

原来，他和这个女孩子只能算得上“网恋”。起因是上个月的一个周末，杨同学的数学卷子丢了，这张卷子是这个星期的家庭作业，如果周一不交的话，肯定会被老师罚抄。于是杨同学就在全校的学生群里问了一下谁有第三单元数学检测卷，能否用手机扫描一份发给他。最后，和所有的校园恋爱剧情一样，这个女孩子帮助了他，然后两个人由交流这张数学卷子的难题，到吐槽老师的规矩，再到讨论班上的同学，最后到每天分享各自生活中的点点滴滴，整个过程不到十天。杨同学跟我坦白，每晚下晚自习回到家后，本来以前会在睡觉之前做一两个数学题，但是现在每天晚上就只想和她聊天。“和她聊每天的日常让我觉得很放松、很有趣，但老师，我真的没有跟她告白，只是有点喜欢。”我看着他脸上的表情由甜蜜欣喜变成最后的害羞腼腆，我知道，他们之间的关系，就只差捅破这最后一层窗户纸了。

二、提供帮助，掌握分寸

坦白心扉之后，杨同学明显对我放松了“警惕”。他如此贴心地想给那个女孩送去一杯热红糖水，估计是想更进一步拉近彼此的关系。我决定“推波助澜”，帮他一把，让他们自己去反思这段关系。

“听你这么说，老师感觉这个女孩子很优秀呀，数学又好，又善解人意，还懂得分寸。你看，你在学校下课的时候总想找她，但她就知道这样被老师、同学看到了影响不好，不让你来找。在这一点上，这个女孩子就比你要稳重很多。来，你快把这个女孩子请到办公室来，老师要亲自泡红糖水给她喝。”我大胆地给杨同学提建议，“老师知道你们之间只是互相欣赏，既然如此，那你就更要大大方方地证明给老师看，而且，你请她到办公室来，我到时候再帮你美言几句，到时候她肯定会很感动，也会真心感谢你这个朋友的。”杨同学站在那，似乎被我说动了，但还是犹疑不决。不等他反应过来，我赶忙让谢同学去把那个女孩子请过来，然后迅速地从抽屉里拿出塑料杯和红糖水，递到杨同学手上。“还愣着干吗？赶紧拿办公室的水壶去打壶热水啊，等下人家女孩子来了，你就可以直接递给她了呀。”

“报告，老师好。”一个脸圆圆的女孩子站在办公室门口，高高的马尾上扎着一个大大的粉红色蝴蝶结，声音和外表一样，温温柔柔。谢同学跟在她的身后，安分起来，不再嘿嘿地笑了；杨同学端着水壶看到她，瞬间变得拘谨、严肃起来。我不禁在心里感慨，这个女孩子的“威力”可真大呀。

我先对她表示了感谢，她能够给陌生的同学提供帮助，这种友爱同学的精神值得我们每一位同学学习。随后，我问起了她和杨同学的关系，她害羞地低下了头，一旁的杨同学赶忙替她回答：“老师，我们真的只是好朋友。”我将杨同学泡好的红糖水递到了她手中，对他们说：“老师当然知道你们之间是纯真的友谊。杨同学在班上平时最害怕和我讲话了，但今天却勇敢地来到办公室找我要红糖水，说明你对他的关心与友善暗中改变了他。在你的影响下，他慢慢地成了一个敢于表达自己，会关爱同学的学生。这就是好的友谊，能互相成长。你们现在十五六岁，正是种子努力汲取养料、孕育开花的关键阶段，这时要做的就是不断吸收营养，才能在花期绽放出最耀眼的花朵，而不是过早地选择开花，那样只会过早地枯萎，而错过了人生路途中的真正美好的风景。”或许是听懂了我话里的言外之意，三个孩子都坚定地望着我，点了点头。

总结反思

一、辅导成效

一周以后，谢同学在他的周记本里，完整地记录了这个“爱情”故事。

“时光匆匆，一周的时间就像奔腾的马儿一去不复返。虽然时间过得很快，但是某人过得很伤心，因为某人在周三把他的女朋友带到了班主任的办公室，亲手泡了一杯充满爱意的红糖水。然而，不幸的是，因为班主任的一番‘蛊惑’，让他们彼此动摇了，他们现在打了个赌，要一起考上大学，如果有缘，那就在大学再续前缘。唉，他们可真够有决心的，尤其是某人，现在周末王者都不上号了，让他爸给自己报了个数学培训班。六天的爱情就这样闪电般地结束了。”

我在周记后面写道：“短短三百字，写出了一个曲折的爱情故事，说好的只是朋友呢，你们就这样欺骗了单纯的肖老师。”

二、反思感悟

少年的怦然心动是无法阻止的。教育的意义不应该是扼杀玫瑰的生长，而是要耐心浇灌，让玫瑰学会等待自己的花期，并领略到等待中所蕴含的美好。

28

良好的师生关系从保护自尊心开始

黄益

在教育的璀璨星空中，每个孩子都是夜空中独一无二的星星，闪烁着各自的光芒与梦想。教育之雅韵，在于以温柔的目光，轻抚每一颗星星，倾听其低语，感受其跃动。

背景描述

在一个宁静而略带凉意的清晨，我在步入教室的瞬间，察觉到了一丝不同寻常的气息。教室后方的角落里，曾同学以一种异常拘谨的姿态蜷缩在地上，而姚同学和赵同学则一脸焦急地围在他身边，试图将他扶起。我心猛地一紧，连忙加快脚步，关切地询问："曾同学，怎么了？是不是哪里不舒服？"然而，曾同学却选择了沉默，只是眼角噙着泪水，仿佛在无声地诉说着他的委屈与痛苦。姚同学见状连忙解释，语气中带着几分急切与懊悔："老师，我们刚才在开玩笑，可能玩笑开得有点过了，把他弄哭了，我俩刚刚跟他都道过歉了，他就是不起来。"赵同学点头附和，试图用自己的方式安抚曾同学，并邀请老师介入调解，希望能尽快平息这场风波。

解决策略与方法

青春期的孩子情感丰富而敏感，一句无心之言、一个不经意的动作，都可能在他们心中激起层层涟漪。我俯身对姚同学、赵同学说："曾同学很难受，你们慢慢把他扶起来，我们一起去医务室看看伤到哪里了。”我的话似乎触到曾同学内心最柔软的地方，他立刻抱住姚同学的腿，泪水再也控制不住，如泉水般涌出，打湿了衣襟。即使姚同学、赵同学不停地安慰并尝试扶他起来，曾同学依然倔强地抱着姚同学的腿，不愿松开，仿佛那是他此刻唯一的依靠。

通过观察，我意识到曾同学不一定是身体上的不适，更多的是心灵上的创伤和痛苦。眼看着晨读时间即将结束，如果任由事态发展，引来同学们的围观和议论，将会对三位同学的心理造成更大的压力和伤害。于是，我让同学们在下课铃声响后全部离开教室，外出自由活动，为三人创造一个相对私密和安静的沟通环境。

对于曾同学来说，让他觉得委屈的是姚同学、赵同学的行为。如果继续当面询问细节，姚同学、赵同学说的是事实真相还好，否则，很可能一言不合就打起来了。三人见同学们都外出活动了，也慢慢放松了一点。我说：“现在同学们都出去了，你们也不要有‘偶像包袱’了，都起来吧。姚同学、赵同学，你俩先去我办公室，将事情经过写下来。”此时的曾同学，情绪稍微稳定了点，仍然坐在地上，不愿意起来。我想，如果不是自尊心受挫，他不会倔强成这样。我再次蹲下身来，用更加温和、耐心的语气继续说：“曾同学，老师知道你现在心里很委屈。但请相信，老师会主持公道的。现在，这里只有我们两个人，你可以放心地说出你的感受。如果他们真的伤害了你，老师会帮你讨回公道。”在我的鼓励下，曾同学终于开口了。他愤怒而又伤心地倾诉了姚同学和赵同学对他的种种不当行为：“老师，我真的受不了他们了。今天他们竟然在同学面前打我屁股，让我觉得特别丢脸。上个周末他们还拿手机拍我的丑照‘P’成搞笑动态图片发到网上，完全不顾及我的感受。我觉得自己被侮辱了，被嘲笑了。”

我说：“谢谢你对我的信任，将心里话告诉老师，来，擦一下眼泪，起来，别坐地上了，老师会好好处理这件事情的。也希望你能够坚强起来，不要让这些负面的情绪影响到你的学习和生活。”曾同学此刻觉得自己得到了尊重，也感受到老师的关心，于是站起来了。作为班主任，除了对每个同学予以关爱，也要公平公正地处理同学之间的矛盾。“今天的事情是你们三个人一起玩出的闹剧，老师已经让他俩去办公室写事情经过说明了，老师希望你也写一份，以便老师更好地处理这件事。”曾同学欣然接受了。

总结反思

一、辅导成效

姚同学、赵同学逐渐认识到了自己的行为对曾同学造成的伤害，他们真诚地向曾同学道歉，并承诺以后将尊重他人的感受，不再做出类似的行为。经过这次事件，曾同学、姚同学、赵同学都深刻地认识到了自己的问题与不足，并承诺将相互尊重、换位思考、关爱彼此。他们在老师的引导下学会了如何正确处理同学之间的矛盾与冲突，也体会到了友谊的珍贵与重要。

随着时间的推移，曾同学、姚同学、赵同学之间的友谊得到了修复与升华。他们在学习上互相帮助、共同进步；在生活上相互关心、彼此照顾。他们的改变不仅让自己变得更加成熟与自信，也为整个班级营造了一种更加和谐融洽的学习氛围。

二、反思感悟

（一）尊重情感，共筑师生情深

大教育家夸美纽斯的智慧犹如明灯，照亮了我们前行的道路："应当像尊重上帝一样地尊重孩子。"作为班主任，应深知每一位学生都是独一无二的星星，他们的内心世界丰富多彩，情感细腻而真挚，在处理学生问题时，应充分尊重学生，通过观察学生的情绪状态，尝试走进他们的内心世界；在尊重与理解的氛围中，拉近师生之间的距离，为后续的沟通奠定坚实的基础。

（二）倾听心声，沟通增进互信

伏尔泰的"耳朵是通向心灵的路"一语道破了倾听的重要性。倾听不仅是获取信息的手段，还是建立师生信任、增进相互理解的桥梁。在教育中要给予学生充分的表达机会，鼓励他们勇敢地表达自己的观点和感受。无论是喜悦还是忧伤，教师都应该成为他们最忠实的听众，用心聆听他们的心声，了解事情的全貌，更深刻地理解学生的需求和困惑。通过倾听学生心声，沟通与交流，不仅可以增进师生之间的理解与信任，还能促进学生的自我认知和自我发展。

(三)公正处理，构建和谐班级

在班级中，公正公平是维系和谐氛围的保障。始终坚持不偏袒任何一方的原则，要求所有涉事学生客观记录事情经过，有助于全面了解事件的真相，促使学生以更加客观、理性的态度审视自己的行为。鼓励学生自我反思和承担责任，让他们在经历中成长，在反思中进步。通过公正处理学生间的矛盾，不仅可以解决眼前的纷争，还可以促进学生之间的理解和尊重。引导学生换位思考，学会宽容与包容，共同构建一种和谐融洽的班级氛围。

(四)肯定鼓励，见证学生成长

肯定学生的每一次进步，无论是一句开口与老师沟通的话，还是一个简单的动作，这些看似微不足道的瞬间，实则是学生内心世界的一次次勇敢尝试与自我超越。作为班主任，应当敏锐地捕捉这些宝贵的瞬间，给予最及时的肯定与鼓励。让他们相信自己，勇于面对挑战，不断追求进步与卓越。同时，这种积极向上的教育氛围也将促进师生之间的情感交流与理解，共同营造一种和谐、温馨、充满正能量的学习环境。

在教育的征途上，感受尊重与理解的力量，倾听每一个细微的心声，公正公平地处理班级事务，让爱与信任在师生之间的每一次交流中生根发芽。给予学生肯定与鼓励，如同阳光雨露，滋养着学生的成长之路，让他们勇敢地迈出探索的步伐。在这个过程中，班主任不仅是知识的传递者，还是心灵的引路人，与学生一同经历风雨，共享彩虹。

29

两位学生的蜕变之旅

文玉贵

在教育这片广袤而深邃的田野上，每一名学生都是一颗独特的种子，他们怀揣着各自的梦想与憧憬，在成长的道路上奋力前行。然而，这条道路并非总是平坦无阻的，有时，学生会陷入迷雾之中，迷失方向，感到无助与彷徨。周同学和彭同学，两位性格迥异的学生，便是这众多迷茫者中的典型代表。她们的故事，是关于挑战、转变与成长的动人篇章。

背景描述

周同学，一个高二的女生，原本在就业班以优异的成绩名列前茅。然而，当她因对自己的高要求转入我们对口高考班时，却仿佛变了一个人。她的眼神中失去了往日的光芒，取而代之的是迷茫与无助。学习上，她曾经的优势科目成绩开始下滑，新的课程内容让她感到力不从心；情感上，她在新环境中难以找到归属感，与同学们的关系也显得疏离，孤独感油然而生。周同学，就像是一艘失去了灯塔指引的航船，在茫茫大海中迷失了方向。

与周同学不同，彭同学从一开始就以其高挑的身材和开朗的性格成了班级里的焦点。然而，她光鲜亮丽的外表下却隐藏着不为人知的烦恼。彭同学的家庭背景复杂，她有一个非常优秀的姐姐，这让她在家庭中总是处于被比较的位置。母亲对她的期望很高，但往往因为过高的要求而忽略了她的感受。为了寻求认同和归属感，彭同学开始结交社会上的朋友，甚至不惜违反校规校纪。一次意外的派出所之旅，更是将她推向了风口浪尖，也让作为班主任的我开始重新审视这位看似无忧无虑的学生。

解决策略与方法

一、原因分析

在与周同学的深入交谈中，我逐渐发现了她迷茫的根源。对于周同学而言，新班级的融入和学业的压力如同两座大山，压得她喘不过气来。她发现，自己曾经引以为傲的学习能力在新环境中显得力不从心，每一次考试的成绩都像是无情的审判，让她越来越失去自信。更让她难以忍受的是，新班级的同学似乎都沉浸在自己的世界里，没有人愿意倾听她的心声，她的孤独感与日俱增。

对于彭同学来说，她的迷茫主要来源于家庭。母亲对她的高标准、严要求让她感到窒息，而姐姐的优秀则让她感到自卑和挫败。她渴望得到家人的认可和理解，却又不知道如何表达自己的感受。于是，她选择了逃避和反抗，通过结交社会上的朋友来寻求短暂的安慰和归属感。然而，这种行为不仅没有解决她的问题，反而让她陷入了更深的困境。

二、解决策略

（一）针对周同学的策略

1. 制订学习计划

我首先与周同学一起制订了个性化的学习计划，根据她的实际情况和兴趣爱好，为她量身打造了适合她的学习方法和时间安排。同时，我还为她找来了几位优秀的学长学姐作为学习伙伴，帮助她解决学习中的难题和困惑。通过一段时间的努力，周同学的学习成绩开始稳步提升，她的自信心也得到了增强。

2. 注重情感支持

除了学习上的帮助外，我还非常注重与周同学的情感交流。我经常找她谈心，倾听她的烦恼和困惑，给予她情感上的支持和理解。同时，我还联系了学校的心理老师为她提供专业的心理疏导服务。通过心理疏导，周同学学会了如何正确地面对压力和挫折，如何调整自己的情绪和心态。她的性格也变得更加开朗和乐观起来。

3. 培养社交技能

为了帮助周同学更好地融入集体生活，我组织了一系列团队建设活动。在活动中，我鼓励周同学积极参与并展示自己的特长和优点。通过这些活动，周同学逐渐找到了自己的位置和价值，也结交了许多志同道合的朋友。她的孤独感逐渐消失，取而代之的是满满的归属感和幸福感。

4. 重视家校合作

我深知家庭环境对学生成长的重要性，因此我积极与家长沟通周同学的情况并寻求他们的支持和配合。在与家长的交流中，我强调了家校合作的重要性并建议他们多关注孩子的情感需求，给予孩子更多的关爱和理解。家长也非常配合我的工作，他们开始更加关注周同学的成长变化并努力为她营造一个温馨和谐的家庭氛围。

（二）针对彭同学的策略

1. 给予正向关怀

对于彭同学的困境我采取了更为细致和深入的策略。首先我在派出所事件后给予了她充分的理解和包容，让她感受到来自老师的关怀和支持。随后我通过谈心等方式与她建立了深厚的师生情感，引导她正确面对家庭矛盾并学会寻求合理的解决方式。

2. 营造良好氛围

在了解了彭同学的家庭背景后，我积极与家长沟通并寻求他们的支持和配合。首先，我建议家长在表扬大女儿的同时也要关注小女儿的成长和进步，并给予她足够的肯定和鼓励。其次，我也积极与家长沟通，建议他们调整教育方式，多关注彭同学的内心需求，而不是仅仅关注她的外在表现。此外，我也向家长强调了家庭环境对孩子成长的重要性，建议他们改善家庭氛围、加强亲子沟通和交流。家长也非常配合我的工作，他们开始更加关注彭同学的成长变化并努力为她营造一个温馨和谐的家庭环境。

3. 引导规范行为

针对彭同学的行为偏差，我进行了耐心的引导和纠正。我首先向她明确了校规校纪的重要性并强调要遵守纪律。同时我还鼓励她多参加学校的正面活动，如志愿服务、文体比赛等，以培养她的责任感和集体荣誉感。此外，我还通过行为规范引导帮助彭同学，树立正确的价值观，鼓励她参与学校正面活动，以培养她的积极向上的兴趣爱好。通过这些活动，彭同学逐渐认识到了自己的错误并开始积极纠正自己的行为偏差。她的表现也得到了同学们和老师们的认可和赞扬。

总结反思

一、辅导成效

经过一系列的努力和尝试，周同学和彭同学都发生了显著的变化。

(一) 周同学的变化

周同学的学习成绩稳步提升，她的自信心也得到了极大的增强。在班级中她不再是那个沉默寡言孤傲的女孩，而是变得活泼开朗起来。她积极参与班级的各项活动并与同学们建立了深厚的友谊。在参与班级活动和兴趣小组的过程中，她结识了许多新朋友，性格也变得更加开朗和阳光。更重要的是，她学会了如何面对挫折和困难，不再轻易放弃自己的梦想和目标。最终，她确立了明确的升学目标，并为之努力奋斗着。周同学最终不负众望，以高出录取线40多分的成绩被湖南农业大学录取。去年，周同学兴高采烈地打电话告诉我："老师，我考上了星沙的老师，有编。"

(二) 彭同学的变化

在我和家长的共同努力下，彭同学逐渐意识到了自己的错误并开始努力改变。她告别了过去的不良行为习惯，专注于学业和自身成长，与家人的关系也得到了修复和改善，她学会了如何与母亲沟通、如何理解并接受姐姐的优秀。同时她也找到了自己的兴趣爱好并积极参与其中享受着成长的快乐。现在的彭同学对未来充满希望，她相信只要努力就一定能够实现自己的梦想。令我意想不到的是，彭同学有次特意跑到我办公室对我说："老师，以后我要当像您一样的老师。"后来，她以优异的成绩被长沙民政职业技术学院录取，毕业后，努力专升本，现在彭同学真的成了一位优秀的人民教师。

二、反思感悟

周同学和彭同学的故事是无数学生成长道路上的缩影。面对学生的迷茫与困惑，教育者需要用心倾听、耐心引导、细心关怀。通过个性化教学、情感支持、社交技能培养以及家校合作等多方面的努力，我们可以为学生拨开成长的迷雾，引领他们走向更加光明的未来。在这个过程中，我们不仅是在传授知识、培养能力，还是在塑造灵魂、引领成长。让我们携手努力，为每一个学生的成长之路点亮一盏明灯，照亮他们前行的道路。

30

巧解学生“应付式”心态

廖争艳

“应付式”心态在中职学生群体中颇为常见，对于正在成长塑型期的中职学生来说，“应付式”心态贻害于无形，不利于未来他们的职业发展。人一旦有“应付式”心态，就会敷衍了事，并且很有可能会由一件事情的敷衍变成事事敷衍，久而久之就变成了一种习惯。叶圣陶先生说：“教育是什么？就单方面讲，只需一句话，就是要养成良好的习惯。”因此，在学习生活的细节中引导学生抛弃“应付式”心态，养成认真细致的良好习惯，是我们教育的最基本要求。

背景描述

军训结束不久，我们班就接到了校团委布置下来的黑板报工作。我在班上号召同学们说：“新学期的第一次黑板报我们要精心绘制，认真对待，一展我们平面设计班的特色。”学生们听到我的话后开始讨论本次黑板报该怎么出。突然，人群中传来小陈的声音：“老师，军训好累了，黑板报就随便搞一下，应付学校算了。”学生听到这话纷纷转头看过去，人群中开始出现了议论甚至附和的声音。

看到这样的场景，我瞬间意识到这个学生的语言可能会影响到同学们的积极性，甚至会把整个班级的想法带偏，同时也会对后面的班级建设带来不良的影响，而作为平面设计专业学生来说，这种“应付式”心态更是不利于未来职业发展的。

辅导策略与方法

根据上述情景，对学生产生的“应付式”心态的原因进行分析：

一是学生对自身要求不高，认为黑板报无足轻重，缺乏精益求精的处事精神。军训完之后，学生有一定的疲态，心理上过于松弛，从而想着“应付式”完成任务。

二是任务内容或形式缺乏吸引力，从而导致学生兴趣不高，想要敷衍了事。

三是班级组织管理不到位，学生参与感与成就感不强，竞争意识薄弱，集体荣誉感不强。

针对上述问题产生的原因，我采取如下处理策略：

一、控制局面，稳定班级氛围

当陈学生说到要应付一下学校任务时，既是一种满不在乎的情绪表现，也是在试探老师对这件事情的态度。而同学们听了陈同学的话后开始出现了议论甚至附和的声音，进一步反映了有部分学生的思想开始走偏，出现了消极情绪的蔓延之风。

面对此情形，我作为班主任应当机立断，制止这种不良情绪在班上蔓延。首先，我笑着大声对班上的学生说：“刚搞完军训就发现自己累了呀？军训的时候，你们一个个英姿飒爽地站在烈日下，可都没见你们喊过一句累哦！”同学们听到这句话便都相视而笑，整个班上的不良氛围瞬间缓和了下来。

二、因势利导，抓住教育契机

控制好局面后，我利用共情心理对学生说：“同学们，我知道前段时间大家军训都比较累了，我理解大家的心情。但是我们不能因为军训结束了，就把我们坚韧不拔、刻苦认真的军训精神给抛弃了呀。”我微笑着扫视着班上的同学，最后把目光停留在了刚刚说话的陈同学身上。陈同学看到我微笑地注视他，不好意思地低下头来。我顺势说道：“陈同学，你还记得在军训场上我们班嘹亮的口号吗？”陈同学有点害羞了。在此时，我对陈同学的追问也是在以点带面地敲打其他附和的同学。

见班上氛围渐入佳境，我便趁势大声说道：“同学们，让我们重温军训精神，再一次喊出我们班嘹亮的口号。”“乘风破浪，二一二零，奋发图强，共创辉煌……”在连续三句班级口号的呐喊声中，学生由起初的参差不齐到后面的整齐嘹亮，整个班级的氛围也一转积极，情绪大振。

趁着班上积极高涨的情绪，我因势利导，亲自当起了行动第一人，“同学们，我们新学期黑板报的第一笔由老师开启，接下来的每一笔由你们来完成。绘制黑板报如同绘制人生，当你精心对待黑板报的每一笔，它也将会用精彩的画面回报给你。”在我的行动引导下，学生们积极地完成了本次的黑板报工作。

三、集体教育，拓展引申

通过这件事，我意识到在班级里存在着做事不够求精的“应付式”心态。因此，我果断结合班级建设方案，开展了“工匠精神引领专业成长”的主题班会，让同学们体会到什么是精益求精的工匠精神，并认识到认真处事的习惯决定着未来职业发展的高度。

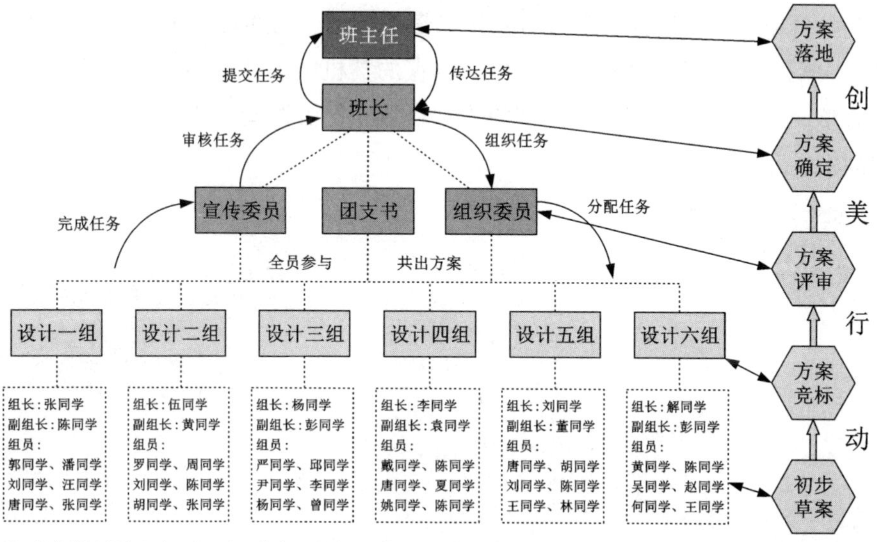

◁ 平面设计工作流程示意图

注：每个设计组分配班干部一名，美术、书法、文案等特长生各一名，班干部组织全员参与，设立个人积分机制。

另外，为促进班级良好习惯的养成及班级管理的有序规范，我以平面设计专业特色为基础，对学校下达的各项任务内容进行丰富多彩的创新化处理，结合班级黑板报、作品墙、风采墙，引进企业项目式管理组织构架，严格督促班干班逐级落实各项工作流程，并且与同学们共同商讨制订了班级“创美行动”纲领，践行“乐学创新，精益求精”班级精神文化内涵，从而实现学生对班级事务精益求精的工作常态化，养成“生活无小事，事事要认真”的良好习惯。

总结反思

一、善抓契机，高效育人

叶圣陶曾说：“教师之为教，不在全盘授予，而在相机诱导。”可见教育契机的重要性。在我们育人过程中，一些偶然性的、突发性的事件，表面上看是一个棘手的问题，但通过智慧的化解与有目标的引导反而能使学生得到提示、启发，形成班级舆论或达成集体共识，这种共识会产生定向的、集体的约束效果。因此，我们要善于抓住教育契机，让其发挥巨大力量。

二、以点带面，防微杜渐

在教育中，一次教育唤醒与达成共识是不够的，尤其是对于行为习惯并不太好的中职学生来说。因此我们应该在教育的契机中进行衍生拓展，最好形成一套完整而又能符合中职学生心理的管理机制，积极调动学生兴趣，实现良好习惯的常态化养成。

31

孩子，你要面向阳光

王亚玲

“很感谢您，不管是生活上还是学习上，我不知道该如何形容我们之间的感情。您关心我，您信任我，您让我参加班级管理，我不想也不会让您失望。您给我的帮助超过很多人，甚至超过我的亲人。您也会哭，像个小女孩，我真想抱抱您。我们岁岁有今朝，我时时刻刻愿您好。为什么用您？因为您值得！”

——这是学生写给我的一段文字，那天我站在教室外，偷偷擦了眼泪。

背景描述

不知老师们有没有听学生说过这样一段话：每天早上起来，我的心情就很低落，因为糟糕的一天又开始了；到晚上的时候，我的心情会好些，因为这一天终于过去了。这是我们班一位孩子在聊天时和我说的一段话。这个孩子进校时就被确诊为抑郁症。我想作为一名班主任，有责任让孩子保持健康，无论是身体上的还是心理上的。那我该怎么做呢？

解决策略与方法

一、让孩子接纳自己，让家长正视问题

作为一个新手班主任，只能摸着石头过河。我首先想到是让孩子接纳自己，让孩子了解抑郁症并积极进行治疗。同时让他的父母接纳孩子抑郁症的事

实并有所行动。

还记得孩子拿到确诊书的那晚，我们正在军训。盛夏的燥热和心里的焦灼正是当时最好的写照。我和孩子站在远远的地方，询问她情绪是否稳定、有哪些行为表现、家庭关系以及朋友关系等。她卷起衣袖，给我看了她割腕的伤疤，大概三四厘米长，伤疤隆起一个小山丘，周围还有很多自残的印迹。我轻轻地抚摸她的伤疤，说道：孩子，不疼吗？没关系的，过去的事情和我聊聊，我也是第一次碰到这种事情，但是我们先积极面对，积极治疗。

聊了很多，但我只记得那一晚，她流了很多泪。

她的父母文化程度不高，在温饱线上挣扎，还抚养着三个孩子。这样的家长显然不知道抑郁症是什么，对孩子的心理问题也不以为意，觉得只是孩子比较娇气。经过后续我无数的"骚扰"电话与不断沟通，他们才意识到问题的严重性，开始配合孩子的治疗。

二、让孩子敞开心扉

为了更好地了解孩子的情况，从高一九月开学到来年三月，这半年我每天坚持问孩子两个问题：昨天晚上睡得好吗？今天吃药了吗？为了让孩子向我敞开心扉，我让她坚持写周记，通过写周记的方式发泄情绪。我也希望通过这样的方式让孩子感受到一点点温暖，让她的心里能照进一点点微光。

那么孩子有没有向我敞开心扉？这两个学期到底有没有变化呢？我想从她的周记中，也许能看到她的一些变化；当然，也是从她的文字中，让我有无数的感动。

——我本来就是一个又矮又不好看成绩又差的人，初中的时候，一旦你长得不好看或是有其他问题，就会有一大堆人攻击你。在别人眼里，我很凶，但这就是我保护自己的方式。在家我开始有了自残的行为，我常常躲在房里哭。姐姐也经常骂我，说我性格暴躁又刻薄。

——刚到学校，我不想和任何人说话，我回到寝室，都会偷偷躲在被子里，不断地哭，感觉头痛。来到学校一周了，我发现这里的人素质可能比较好，班主任像个大学生，可已是一个孩子的妈了，她在班上第一天就说，女生班事情多，有什么问题或不满直接说，不要在后面说闲话。她是个挺泼辣的女老师呢！

——王老师通知家长来了，我又怕，但又想见到他们……姐姐和我说不用想那么多，一边骂我但其实又很关心我……

——检查报告给了王老师，她说第一次碰到这种情况，也不知道怎么办。一个当妈的人了，这样说话，我突然觉得她蛮可爱。她摸了我的疤，除了我自己外，从没人这样摸过我的疤。

——她每天一大早就问我两句话，吃药了吗？睡得好吗？她真像个妈妈。

——我最好的朋友是谭某某，有点胖，挺幼稚的。王老师偷偷叫她聊天了，但她告诉了我聊天内容：你知道彭同学的情况吗？她晚上怎么样？她按时吃药了吗？你多和她聊聊天……

——又和王老师聊天了。我感觉我真的开始释怀了。她和我说了她小时候父亲过世的事情，她做同一个噩梦有十年的事情，她失恋痛苦的事情，还有她复读的事情。她说世界上好多人都经历了同样的事情，慢慢来，不着急。身边有那么多爱我的人，我感觉越来越暖了。

——我感觉我和王老师像是朋友一样，她总像个小孩子一样和我聊天，我也愿意表达我的想法了。我在班上的朋友也多了起来，我白天不那么瞌睡了，我上课想认真一点。

我想是因为我这些细微的爱让她有了细微的改变。开学时，她是自卑的，不认同自己，但随着时间的流逝，她发现了周围的人对她的关心和爱护，她也开始用积极的方式回应了。

三、让孩子忙碌起来

高一下学期如期而至，关注追踪特殊心理学生仍然是班主任的一项重点工作。我想光是关注学生动态还是不够的，还有一件重要的事情，那就是让她忙起来，让她知道自己的存在是有意义的，所以开学时，我先安排她帮我拍摄公开课需要的素材。那些素材可不容易弄，全班四十号学生，每个人要在两秒内展示一个表达个性的单词，而她就负责导演、拍摄以及后期剪辑工作，这个工作持续了一个月，她总是能第一时间按我的要求完成工作，我想她将来在工作岗位上，一定会是个让领导喜欢的员工，因为她的效率太高了，完成度也很高。我想她也可以试试管理班级，于是我让她担任了副班长，让她专门负责周末的班级管理工作和一学期的新闻述评工作。

我不仅给她安排工作，让她的生活更加充实，我还积极给她反馈，和她聊天时，经常提及她的那些优点。比如新闻述评活动，她做得很有特色。为了让部分开小差的孩子有话可说，她总是会先总结一遍今天新闻的内容，让别人有材料可用。在安排评述人时，她有时喊学号，有时直接点名，要是遇上谁态度不好，她还有惩戒措施。看她工作的样子，还真是有模有样，像个小大人！

总结反思

经过一个多学期的努力，孩子在今年五月，经医院诊断，已经可以停药了。

在教书的这几年，我发现学生心理问题越发凸显。也许作为普通的教师，我们的能力有限，但我们必须有耐心、有恒心，充分调动孩子身边的亲人、朋友及其他教师行动起来，因为这些人就是那一束束光。如果这些光照进孩子心里，一定可以让黑暗的角落光亮起来！

32

用爱化解“躺平”风波

杨昕

背景描述

今天，我要给大家分享一段我经历的关于用爱化解“躺平”风波的德育故事。毕业后的我来到了一所普通的中学，成为一位富有激情和使命感的班主任。在德育工作中，我一直把学生的成长和发展放在首要位置。然而，最近班级中悄然弥漫起一种异常的氛围。

一天早晨，当我走进教室时，留意到学生们面容疲惫、神情倦怠。我的心顿时沉重了下来，因为我知道班里的氛围已经不对劲了。在一次偶然的谈话中，我了解到一种名为“躺平”的思潮正在学生间迅速传播。“躺平”这一口号最早在2016年由年轻人在社交媒体上发起，该词指的是年轻人在社会的裹挟中逐渐缺乏奋斗心理，从而选择自我放弃。在“躺平”思潮的影响下，学生们开始消极面对生活，对未来充满了迷茫和疑惑。他们觉得现实社会的压力太大，追求更好的目标只会让他们更累，于是开始选择放弃，在舒适区“躺平”。我深感这种思潮严重影响了学生们的积极性和奋斗精神，果断决定采取行动。

解决策略与方法

一、立目标，唤醒学生积极认知

为了引导学生们重新审视“躺平”的问题，我组织了一次班级讨论会，主动提议与学生们讨论“躺平”这个话题。让学生们自由地表达自己的观点和感受。有人认为现实社会对个人的要求过高，而自己的努力却得不到回报，因此选择“躺平”。还有人觉得现实社会充满竞争，自己不可能成为优秀的人，所以“躺平”是最好的选择。在深入了解学生们的真实心态后，我发现他们选择“躺平”的真正原因，其实是对现实社会的挫败感和无力感；学生们对未来缺乏明确的目标和自信心，因此产生了消极应对的心态，认为只要舒适过日子，没有上进心也无所谓。如果任其发展，长此以往，消极情绪会让学生们逃避学业，甚至放弃自己，以至于对未来人生造成不可挽救的损失。面对这样的情况，我决定以爱和关怀为出发点，帮助他们找到正确的人生方向。我没有指责学生们的想法，而是鼓励学生们：“我明白你们感受到的压力和困惑。但是，人生是充满挑战和奋斗的过程。放弃追求更好的事物和成就，只会让你们失去对生活的热情和动力。我希望你们能够重新审视自己的人生观和价值观，不要给自己设限，人生就是一次征途，要拥抱挑战，超越自己。”在班级大家庭的温馨氛围中，学生们积极参与了讨论，共同探索解决之道。通过讨论，他们认识到“躺平”是一种逃避现实、浪费青春的行为，并不符合健康成长的需求。

为了让学生们真正能够领悟到制订目标的重要性，激发学生们重新找回追求梦想和成就的动力，我设计了一次“职业生涯目标规划”的活动。在这次活动中，我鼓励学生们思考“我该去做什么样的工作?”“我想成为一个什么样的人?”等问题，促使学生们以逆向思维思考自己的职业生涯的长远目标和短期计划，帮助他们找到人生的意义和方向。我还邀请了同样在校任教且是著名校友的李欢老师，来和学生们分享他的故事和经验。不出意料，李欢老师真实而感人的故事，深深地触动了学生们的心灵，他们逐渐明白，只有设定目标并为之努力，才能实现自己的梦想。

二、定活动，强化学生积极体验

除了目标规划的活动，我还注重培养学生们的责任感。我主动和孩子们一起积极参与班级各项活动，例如班级卫生、班级文化建设等。通过参与这些活动，我与学生们建立了良好的关系，我关注每个学生的成长和进步，给予他们及时的关怀和帮助。同时，我鼓励学生们互相关爱和支持，在班级中形成了友爱团结的氛围。学生们感受到了团结合作的力量，并逐渐形成了自律的习惯。他们明白，只有主动参与，才能真正发挥自己的才能和价值。

出乎意料的是，德育工作很快起到了积极的效果。学生们开始逐渐认识到“躺平”并不能解决问题，只有积极行动、努力拼搏，才能实现自己的价值和梦想。他们逐渐树立了正确的价值观，明白到只有不断进取，才能在人生的舞台上发光发热。

总结反思

一、辅导成效

班级中有一个学生叫刘峰，他曾是“躺平”思潮的忠实拥护者。在了解到他的困扰后，我第一时间与他进行了交流。我耐心倾听他的烦恼，了解到他喜欢跳舞之后，鼓励他参加学校舞蹈社团，同时帮他创造了很多舞台表现机会，我与刘峰一起制订了一份具体的计划，帮助他找回自信，并引导他朝着自己的目标努力奋斗。凭借着自己的努力和班级集体的鼓励，刘峰不仅舞蹈跳得越来越好，而且开始克服学习中的困难，逐渐展现出了优秀的潜力。

二、反思感悟

我要感谢我的学生们，在这段“躺平”风波的经历中，我深刻感受到了作为班主任的责任和使命。我相信只要我们给予学生们足够的爱与关怀，与他们保持密切的沟通和互动，就一定能化解班级“躺平”的风波，把他们培养成为有担当、有责任感的人。我相信他们将会把这段经历铭记于心，继续努力、追求卓越！拒绝“躺平”，支棱起来！

33

压力也是磨刀石

郭思情

背景描述

随着社会对技术技能人才需求的不断提升，中职学校的教育质量日益成为社会各界关注的焦点。中职文化普测（以下简称“普测”）作为评价学生综合素质的重要手段，主要针对高二年级学生，采用机考方式进行。其主要目的在于，从文化素质的角度出发，通过综合性的考试来全面评价学生的必修课程学习成果，以及他们对职业道德、社会责任感和文明礼仪的认知水平。

我加入教师队伍已逾九年，2204班是我带的第三届学生。回想我刚开始带的1512班，那时还没有实行普测和技能测试，学生们的学习压力相对较小，读完两年便可以直接升入大专。而我后来带的1710班，作为接受普测的第一届学生，当时的题库中有3000多道题，且全部都是单选题。那些孩子们在刷题方面表现得相当自觉。作为他们的专业课老师和班主任，我主要做的是督促他们学习，布置普测练习任务，他们最终也取得了令人满意的成绩。

然而，这几年来，普测经历了不断的变革。今年的普测不仅题量有所增加，题型也发生了变化，新增了多选题。在刷题的后期阶段，学生们感受到的压力随之增大，部分学生的情绪变化也十分明显，其中本班的张同学表现得最为严重。

解决策略与方法

在高一下半年的期末考试中，张同学因未能充分复习，对考试产生了畏惧情绪，拒绝进入考场。经过约20分钟的劝导，他才勉强进入考场。这一事件引起了我的关注，使我意识到张同学在面对学习任务时，自我效能感较低，缺乏自信心，且心态调整能力有待提升。

进入普测练习的冲刺阶段后，我结合年级部的要求和班级实际情况，为同学们精心布置了练习任务和达标分数。班级大部分同学都能按照要求认真完成任务，未完成的同学也会在中午或第八节课进行补充练习，以确保达到既定的学习目标。

在一次晚自习的机房刷题环节中，我明确设定了120分的达标分数。然而，张同学在连续两次尝试后仍未达到这一标准，他情绪突然失控，猛拍了一下桌子，这一行为对周围的同学造成了一定的惊吓。我立即上前询问情况，了解他情绪失控的具体原因，并进行了耐心的安抚。最终，张同学的情绪逐渐稳定下来，回到了座位继续刷题。

然而，令人担忧的是，此后张同学的练习情况非但没有得到改善，反而每况愈下。在机房刷题时，他的分数常常只有80多分，远低于设定的达标分数。由于分数过低，张同学逐渐失去了刷题的动力和信心，甚至在与家长通话时表示想回家，试图逃避当前的学习压力。

为了帮助张同学消除厌学情绪，帮助他走出情绪困境，结合“三全育人”的理念，多方借力，多措并举，从以下几点着手。

一、强化家校合作，构筑教育连心桥

通过深入的家校沟通，我洞察到周末时段家长监管的疏漏，仅关注任务完成而忽视了孩子学习过程的细节，包括刷题频次、具体进展及成绩变化。基于此，我向家长提出以下建议：提高日常的亲子对话质量，不仅关注结果更要关心过程，鼓励家长以正面激励的方式参与孩子的学习规划。我提议家长亲自来校，通过面对面的深入交流，传递更为直接和具体的关爱与期望，以帮助学生提升自我认知，学会坦然接受并积极应对自己的学习现状，从而在心理上构建起坚固的支持体系。

二、激活朋辈效应，编织心灵守护网

为了更深层次地促进张同学的心理调适，我启动了朋辈互助机制，鼓励张同学和与其亲近的同学构建互促互助的学习小组。在日常的互动与交流中，这些同学不仅成了他坚实的情感支柱，在学习上也给予实质性的帮助，解答各科疑惑，还通过持续的鼓励和监督，帮助他树立起面对挑战的信心。班干部和课代表的主动介入，进一步强化了这种支持网络，使张同学在遇到难题时总能找到依靠，不再孤军奋战。

三、融合师生智慧，启迪学习新路径

作为班主任，我深入剖析张同学的学习心理，发现其前期过度依赖辅助工具导致其成绩失真，面对现实落差难以调适。因此，我着重表扬他后期的诚实努力，并有针对性地提出改进建议，比如使用错题本策略，鼓励他从错误中学习、逐步累积经验，保持平和心态，避免急功近利。同时，任课教师团队密切关注张同学的情绪波动与学习进展，为他量身订制了短期提升方案，针对薄弱点强化训练，并鼓励他主动提问，利用教师资源最大化学习效率。通过这样的师生协作，张同学逐渐在各个难点上取得突破。

四、活用班级机制，点燃学习热情

为了激发全体学生的备考动力，我组织了一系列主题班会，充分利用早自习的宝贵时间，开展普测动员活动。班会上，我不仅重申了普测的深远意义，还将之与学生的个人发展紧密相连，强调其对升学的直接影响，增强紧迫感。设置“情绪释放站”，允许包括张同学在内的低分同学公开表达焦虑和困扰，让大家在共鸣中释放压力，使大家以更加积极的态度重新投入备考。在经验分享环节，让高分学生分享实战策略，低分学生在互动问答中自主探索解决方案，这种“学生教学生”的模式极大地提高了大家学习的积极性和有效性。最后，实施“师徒结对”项目，张同学与舍友的配对更是促进了他们在日常生活的相互激励，显著提升了学习动力和成绩。

总结反思

一、辅导成效

仅一周的时间，张同学的转变令人欣慰。在机房内，他全神贯注刷题的身影被悦玥老师细心记录下来，一张照片定格了他专心致志的模样。悦玥老师向我反馈，张同学不仅刷题时展现出前所未有的专注，其学习成果也颇为显著——综合测评首次攀升至 127 分，且在重复测试中依然保持了达标水平，稳定性可见一斑。更值得庆贺的是，在 5 月 16 日进行的模拟考试中，他一举拿下了 142 分的好成绩，这对于张同学个人而言，无疑是巨大的进步和鼓舞。

二、反思感悟

该案例的成功之处，在于它不仅仅是一个孤立的干预行动，更是综合运用了心理学、教育学的原理与方法，实现了个体心理调适与集体氛围建设的双重成效。它启示我们：面对学生的心理压力，教师需具备敏锐的观察力，理解学生的心理动态；同时，家校合作、朋辈互助、教师团队的综合支持体系是破解难题的关键。

此外，案例还反映了教育实践中“三全育人”理念的实效性，即全员、全程、全方位育人，强调教育的系统性和协同性。在这样的理念指导下，学生不仅能在学业上获得进步，更重要的是在心理素质、社会适应能力等方面得到全面发展。

压力，看似沉重的刀刃，实则是雕琢个性、激发潜能的磨刀石，它以独有的方式装点我们的生活，使之更加饱满而深刻。我与我的学生们决心直面内心的恐惧，将挑战视为成长的催化剂。因为我们深知，正是这些不凡的尝试，铸就了生命的辉煌篇章。我深信，每当我们在困难与机遇的十字路口优雅转身时，共同迈出的每一步舞姿，都将是最为绚烂、独一无二的风景，记录着勇气、坚持与蜕变，绘就一幅幅动人心魄的生命画卷。

34

让孩子成为自己故事的主角

张妮

背景描述

小树，一个在我们班级中既平凡又不凡的存在。“平凡”在于他与大多数孩子一样，温文尔雅，心怀善意，清秀的面容配以腼腆的微笑，轻易便能赢得同学们和老师们的好感。“不凡”在于他是典型的“问题生”，如无法融入班集体，发生多次抽烟、私藏手机、上课睡觉频繁等违纪违规的事情。他仿佛是一个行走的矛盾体，自高一军训起，就成了我关注的焦点。夜晚的例行查寝，总是缺少他的身影。室友们反映，小树显得有些孤僻，拒绝与人交流，总是在熄灯前夕从同为初中校友的隔壁寝室归来，匆匆洗漱后便爬上床铺睡觉。

在随后的两个月新生适应期里，小树频繁地“光顾”我的办公室，从初次因好奇尝试吸烟到后来难以自拔，甚至在课间偷偷溜至洗手间与他班同学共享这片刻的“叛逆”，再到受他人影响私藏手机，他的行为逐渐偏离了正轨。课堂上，他似乎总是被睡意笼罩，学习热情与专注度低至冰点。这一切迹象，预示着小树正一步步滑向某个未知的深渊，亟须伸出援手，将他引向光明。

解决策略与方法

一、原因分析

青少年发展领域的先驱斯坦利·霍尔将青春期描绘成一个“狂风骤雨”的

阶段，特征是冲突与情绪的剧烈摆动，他将其归因于此阶段特有的激素变化，以及个体在自我认知与身份建构上的探索与挣扎。

上述案例中的小树正是这样一位典型代表，正处于青春期独有的挑战与困扰之中。小树对新鲜事物充满好奇，比如尝试吸烟，这一行为背后是对成人世界探索的渴望。同时，他渴望归属感，这使他在同伴影响下，做出私藏手机等行为以寻求群体接纳，反映了青少年时期强烈的社交需求。此外，由于早期学习习惯尚未牢固建立，小树在课堂上难以集中注意力，对学习的兴趣也不够浓厚，这些都是青春期学生常见的适应性难题。

因此，小树并非特例，而是众多在青春期浪潮中摸索前行的普通青少年之一，他们的“问题”实则是成长过程中普遍遭遇的挑战与困惑。

二、效果分析

面对让人感到手足无措的青春期孩子，我们的回应不应是嘲笑、责备或否定，而应是换位思考，贴近他们的心，携手助他们跨越成长的障碍。正值青春叛逆期的他们，极度渴望得到我们的理解、支持与无条件的关爱。作为教育者，我们的目标是“赢得学生的心”，而非简单地在对峙中取胜。要赢得青少年的信任，关键在于建立基于相互尊重和平等对话的桥梁。当个体感受到被理解和尊重时，他们的自信心会悄然萌芽，进而更加开放和愿意合作，共同寻找解决方案。

小树愿意听从老师的教导并为之改变的“魔法”在哪？那就是老师纠正了欲望主体，认清了行动主体。老师希望小树不违反校纪校规，不抽烟不玩手机，好好学习。老师是这件事的欲望主体，可是小树才是能遵守纪律、好好学习的行动主体。如果小树作为行动主体的主动性被忽视或压制时，必然会有师生之间的矛盾和冲突存在。所以在这个案例中，老师希望自己能帮助小树遵守纪律，好好学习。行动主体就是老师，行动就是帮助。所有的建议或引导都是在帮助小树解决目前遇到的困难，而不是要求小树言听计从，刻板执行。纠正了欲望主体，认清行动主体后，老师就当好了学生故事的配角。

鲁道夫·德雷克斯说：“一个行为不当的孩子，是一个丧失信心的孩子。”每一种偏差行为背后，都潜藏着未解的心结。因此，我们需要透过小树的不良行为看到他背后的求救信号。于是，我把他喊到办公室，既没有批评也没有责备，而是耐心地进行沟通和引导。我的首个询问温和却直击核心：“小树，你觉得自己正面临哪些困扰或难题?”他迟疑片刻，袒露了自己的不良现状。随后，我轻引他更深入地思考：“对于这些挑战，你考虑过如何应对吗？需要怎样的帮助?”他沉默不语。这时，我以鼓励且坚决的语气提出：“针对多次的抽烟问题，老师现在给的建议是尽量不再和抽烟的朋友相处，别人递烟时坚定地回绝，实在抵挡不住诱惑时，可以来找老师帮忙，好吗?”小树听完后，连连点头并作了相应的保证。接着，我再问：“那对于解决私藏手机和上课睡觉等问题，你有什么想法?”小树开始若有所思，并主动说：“私藏手机是违反校纪校规的，我以后一定将手机上交给老师保管。保证晚上睡眠时间，上课时积极听课，起码保证先不睡觉。”听完这番话，我立马给他竖起了大拇指，赞赏他勇于正视错误并愿意改变的勇气与决心。

总结反思

一、辅导成效

此次事件后，小树脸上的笑容变得更加明媚。他在遵循班级与学校规章制度方面，取得了十分显著的进步。从他的一言一行中，我深切感受到了他力求改进、迈向新生的决心和力量。此外，班集体需要志愿者时，小树也会主动积极地报名参加，为班集体做贡献和服务，他融入了这个班集体，也温暖了这个班集体。

二、反思感悟

(一)爱是师生情感联结的根本

高尔基说：“谁爱孩子，孩子就爱谁。只有爱孩子的人，他才可以教育孩子。”教育的灵魂是爱，没有爱的教育就不是教育。只有和学生之间有情感联结，学生才会尊重你，爱戴你。案例中的小树能听老师的话并积极主动地改正自己之前一些不良的行为习惯，根本原因是感受到了老师对他的尊重、理解和宽容。仁爱，不仅是教育恒久的主题，更是教育工作者的必备情怀。一位好老师要用爱培育爱，激发爱，传播爱，通过真心拉近和学生的距离，滋润学生的心田，让自己成为学生的好朋友和贴心人。

（二）孩子是自己故事的主角

每个孩子的人生都是一个独一无二的故事，每一个故事的灵魂就是主角。尽管孩子是未成年人，在认知、情绪管理、心智成熟等方面需要父母或老师长来帮助他们，但是并不代表我们可以去抢夺孩子们的主角地位。不论是享受成功的喜悦，还是承受失败的悲伤，都应该是孩子自己站出来面对，因为孩子才是故事的主角。尤其是青少年期的孩子们，他们正处于探索自我和同一性的关键阶段，培养他们的自控感和胜任力是刻不容缓的。每个孩子只有拥有自我价值感和归属感，方能更好地主导自己的人生故事。

（三）老师是孩子故事的配角

德国哲学家雅思贝尔斯说："一棵树摇动另一棵树，一朵云推动另一朵云，一个灵魂唤醒另一个灵魂。"这富有诗意的句子深深地道出了一个道理：老师扮演的角色应该为：做好学生的引路人，当好孩子的脚手架。

面对青春期孩子们成长过程中遇到的挑战和问题，我们不能越俎代庖，而应当甘为人梯，给予他们必要的支持，给他们提供有用的建议，给出合理的解释，并以身作则，为他们树立好榜样！在每一个孩子的人生故事里，主角与配角都发挥各自的作用，闪耀着不同的光彩。

十年树木，百年树人。老师要有耐心，为学生引路，把爱的种子播撒在学生心中。树是慢慢长大的，孩子也是如此，因此需要平静和平和，需要耐心和耐性，需要足够的期待和守候。教育不是一朝一夕的事，而是一个长期坚持的过程。每个孩子都像一棵树，我们不要拘泥于一根枝丫，要以一种长期的、动态的眼光看待每个孩子的发展。

第三篇

成为光

班主任自我修炼与成长

35

新手小白治班“四招”
——立师威、讲师信、紧师弦、亲师道

陈诗洁

一个真诚的教育者，同时必定是一个真诚的人道主义者；一个受孩子衷心爱戴的老师，一定是一个最富有人情味的人。离开了情感，一切教育都无从谈起。但这种情感不是装模作样的“平易近人”，不是老师对学生居高临下的“感情恩赐”，也不是为了达到某种教育目的而采取的“感情投资”，而是朋友般平等而真诚的感情。

——李镇西《爱心与教育》

背景描述

我任教三年，担任班主任近一年。我最深切的感受为：当一位学生喜爱的科任老师很容易，但成为一名学生衷心爱戴的班主任却需要十足的努力。初为人师时，我明白用心备课、让学生学有所获，教学语言活泼有趣，就能够让学生很容易喜欢上这门课。但如今作为一名班主任，我细细回想起来，光靠仁爱和宽容治学治班还不够，曾经有一位老前辈告诉我：“严管才是厚爱。”我这一年的新手期治班宗旨为：树立权威，严格实施；适当宽容，柔情以待。

解决策略与方法

以下是我治理班级的四个招式：立师威、讲师信、紧师弦、亲师道。

一、立师威，碰到底线就发“威”

规矩和底线是班级管理的基础，老师必须明确哪些事情是绝对不能做的，我常在班级宣讲校纪校规、班纪班规、安全教育等内容。高一的第一个学期就是严管纪律的关键时期，其中开学前的军训对提升班级凝聚力、建立良好班风、培养学生纪律意识来说是最佳时期。学生对班主任的第一印象影响着班风的建设，班主任需要第一时间建立威信，对学生提出高标准、高要求。在军训时期，为了让学生尽快熟悉我的行事习惯和标准，我全程陪同学生，严格要求班级军训质量。遇到不守纪律、私自行动、动作懒散的学生，我会私下批评；我时而疾言厉色不容挑战，时而柔和平静鼓舞精神。在班级班风建设上我也是严格管理，如检查教室内卫生情况、桌面桌底整洁、座签摆放等，都是为了给学生学习和老师教学创造一个较好的环境。总之让学生明白一个道理：规矩不能破坏、底线不容侵犯，老师平时可以与“你”特别亲近，但也可以对“你”做出的不当行为进行严厉批评。故而，师威不可撼，底线不可触。

二、讲师信，做出承诺要落实

光靠惩罚与训斥，老师的威信还不足以立住，这样的老师只会让学生忌惮，无法走进学生内心，刚柔并济、奖惩兼施才能得人心。我认为老师承诺的奖励必须兑现，但讲过的惩罚可以允许更改。老师对学生也要学会“卖人情”，学生犯过的错误只要不涉及原则性问题，可以依据后面的表现情况适当更改，惩罚不是目的，认错之后有所改变才是教育的目的。奖励分为物质奖励和精神奖励，这些都能够激发学生向善争优的斗志。例如，奖励学生可以自由保管一段时间的空调遥控器、手机，一通与家长的表扬电话，一杯奶茶，一次抽奖等。但是，承诺了的奖励，就必须要做到。老师取得了学生的信任，学生自然就敢于提要求、说想法，老师严格践行承诺，学生自然就没有理由出尔反尔。故而，老师的一言一行，都影响着学生的行为和想法。

三、紧师弦，居安思危控风险

学生问题无小事，处处绷紧一根弦。小的现象背后可能与重大问题产生关联，班级里的不寻常的迹象要重视，班级某段时间过于“风平浪静”也要警惕潜在问题。要紧绷的弦有以下：需要经常谈话的特殊群体学生、能够反映班风漏洞的班级卫生、学生学习状态的变化、集体活动中学生交友状态的观察、学生身体状况的观察。以上都是与学生身体和心理健康息息相关的方面，只要平常密切观察、做好记录，很多事情就能防患于未然。一旦松懈下来，就有可能漏洞百出，而这一切需要靠班主任严格把关，以及自身的精神不懈怠。良好的班风要靠掌舵人——班主任，更要靠风帆——班干部集体，班主任决定了风帆的方向，风帆要和掌舵人观念一致，船才能开往向往的海域。班主任的意识就是海域中的水，班主任应该居安思危，时刻有风险意识。当班主任意识松散、安于现状、意图享乐时，那么水就有可能覆舟。当班主任时刻警醒自己，高度关注班级异常现象时，就能尽早抓住风浪苗头，立即采取措施，将风险控制在最小。

四、亲师道，接纳共情走进心

老师品德与行为直接影响学生亲师道的态度。班主任需以高尚师德树立威信，言行正直为范，传递正确价值观；同时，需常从学生视角出发，引导其理性面对问题，培养信任与加强沟通。通情达理与共情能力是班主任有效管理班级的关键，可促使学生敞开心扉，接受教导。

我认为，通情和达理不是并列关系，而是递进关系。班上一位女学生因其犯下错误而与朋友产生矛盾后，将自己关在房间不愿来学校面对现实，希望能走读以调整状态，其母亲却拒绝其要求，导致母女关系僵持。我邀其母亲进行沟通，强调“通情”重要性，即理解孩子情绪和行为背后的原因，以“通情”构成“达理”，以“共情”打破“隔阂”。通过变换角色，传达双方真实想法，增进家长与学生之间的相互理解，和谐亲子关系，为学生营造健康愉快的学习环境和家庭环境，这是教育的核心目的。

除了以上四大招式，我为了团结班集体、营造良好班风，在日常工作中也注重很多小细节、小仪式。例如，第一次交谈，我努力营造幽默轻松愉快的氛围，为班级氛围奠定基础；第一次合唱比赛，我团结学生一举夺冠，增强了班集体凝聚力；我在班上庆祝每一位学生的生日，送上小蛋糕和祝福贺卡，让学生感受到班集体温暖；我赞扬学生每一次进步，但当学生失言失礼时，我也会细心斟酌、怀着爱心处理，使学生开心接受。

总结反思

我认为，比起惩罚本身，更重要的是方法和手段，利用“问题”拉近师生关系，做一个开明的班主任，助力和谐班风营造。处理学生争端时，我克制惯性思维、不听一面之词，不委屈任何一个学生。在这样的刚柔并济的严管厚爱之下，学生既不敢违规，敬畏规则，敬畏老师，又敢于和老师说笑，表达自己内心的想法。

36

班主任工作的艺术："心""勤""情"之交响

刘毅

背景描述

当前中小学及中职教育中，因班主任工作繁复、耗时耗力，教师普遍对其持谨慎态度，然而，教育者应肩负起责任和担当。我在中职学校深耕近30载，其中11年担任班主任，并取得一定成果。我认为，中职学校班主任工作的核心可概括为"心""勤""情"三字，它们不仅定义了班主任的基本职责，更深刻揭示了其工作的精神实质与人文关怀。

解决策略与方法

一、用心关注学生，洞悉学生成长脉络

所谓用心，即是以诚挚的态度去探寻教育生活的每一处美好，去挖掘学生内在的闪光点，去领略他们独特的优点。同时，我们还要用心去体会家长的殷切期盼，以及洞察学生中可能潜藏的问题。

具体而言，我们需要用心去发现学生中的美并放大它。2013年军训期间的一个晚自习，我注意到一个低落的身影，他坦言他原本憧憬普高，却入读职校。我鼓励他，强调职业高中与普通高中无本质差别，努力皆可成才，并嘱咐他有不懂的地方可以随时问老师。他听后眼中重现希望，开始专注学习。此后，他常向我求教，我亦常予鼓励。数年后，他带领团队成功构建东南亚多国支付系

统，荣获2022年湖南红网职业学校优秀毕业生采访机会，事迹广为人知。在采访中，他深情地表示："中考的失利曾让我备感前路迷茫，然而正是职校老师们的悉心教导和良苦用心，让我重新振作，奋发向前，最终成就了今天的我。"

我们的学生，或许在中考中未取得理想的成绩，从而多多少少会有些失落感。但作为班主任，应发掘其优点，以闪光点激发信心，点燃他们的希望之光。即使优点微小，也应放大其价值，助学生自信面对人生挑战。

用心发现美并不仅限于某一个层面，而是将孩子视为己出，如亲子般珍视。学生在校时，班主任需以家长之心关怀引导，超越冰冷的规章，以温暖人心相待。美好处处在，缺的是发现之眼。若未洞察，则是工作之失。故应更用心感知，用情体悟，让每份美好绽放。

发掘学生的优点，能助力班主任工作的顺利开展。发现学生身上的美好，实则是班主任工作的一把利器。当我们洞察到某个学生身上独特的优点与长处时，应积极地鼓励和引导他，激发他巨大的潜能，让他去担任相关领域的班干部，不仅能培养其责任感与领导力，还能增强其自信与积极性。此举也能赢得家长的广泛支持，从而为班主任工作的顺利开展扫清障碍。在这样的良性循环中，班主任工作的幸福感也将油然而生。

"掬水月在手，弄花香满衣"。你捧一捧水在手上，你可以看见月亮的美好，你每天在花丛中享受你的生活，你身上溢出的都是满满的香味。作为老师，我们传播的正能量，营造了一个和谐、健康、积极向上的教育环境，为学生的成长提供了最有力的支持。

用心，不仅能发掘学生中的美，同时也能发现学生的不足与潜在问题。

我们的学生，在经历中考的挫折后，或存在潜在的心理困扰，初期易忽视。班主任作为学生亲近者，应最早发现这些问题，及早干预，为后续工作清除障碍。今年新班级中，军训首日我便察觉一学生问题显著。他制造纷争，企图通过占地盘等不当行为在同学们面前树威，且身带烟味，我对此高度警惕，采取了合理措施应对，以便后续工作顺利开展。

当然，用心之外，更需怀有一颗真挚的爱心。要唱好这曲"爱"的赞歌，我们得用心与家长沟通，以心换心，审视孩子在学校和家里出现的问题。如在新学期军训时，学生常因对新环境不适而不敢表达自己的需求，班主任应对此表示理解，并给予更多关爱，关注学生心理变化及生活细节，从小事帮扶；同时，及时向家长传递关爱，增强家校信任。

二、念好“勤”字诀，做到腿勤、眼勤、嘴勤、手勤

“腿勤、眼勤、嘴勤、手勤”实为深入学生生活、细致观察、积极沟通之要义。班主任应常访教室、宿舍，细察学生状态，发现优点，预警问题，并主动打破师生隔阂，通过耐心交流建立信任。初期，学生或因敬畏少言，但持续给予时间与空间，他们终将敞开心扉。沟通无须宏大主题，重在真诚关怀，让学生感受到温暖与支持，从而乐于分享，共同成长。

班主任要身先士卒，给学生做好“勤”的榜样。比如每天早上坚持早起，尽早到学校，先进教室迎接学生，提前安排好课代表组织晨读，教室里琅琅书声也是一道美丽的风景。一个班级的良好的学习氛围，就是在这些小事情的基础上一步一步建立起来的。

班主任要勤总结，勤沟通，以消除与家长之间的交流障碍。一个学期内，我精心撰写了 36 篇总结，如《周末放假通知》《周末返校通知》或《周总结》等，虽名称各异，但核心在于持续反思与梳理。每逢学生离校之前，我会把这些总结分享到家长群。此举让家长们逐渐深入了解学校对学生的管理策略。家长们对这类总结的关注程度远超我的预期，他们渴望了解孩子在学校的点滴。

通过勤与家长沟通、勤于笔耕，不仅促进了家校之间的和谐关系，更在回首过往时，发现自己的工作也因此得到了提升与成长。

三、以真情换真心，是我们在教育中始终坚守的原则，既晓之以理、又动之以情

正如《乐记》中所言：“凡音之起，由人心生也。人心之动，物使之然也。感于物而动，故形于声。声相应，故生变；变成方，谓之音。”大教育家陶行知先生深谙此道，他强调：真教育是心与心的交融。唯有源自内心的关爱，方能触及灵魂的深处。在我们的教育实践中，我们用情关心每一位学生，让他们感受到学校如同温馨的家园；用情关爱学生的成长环境，让家长放心，让孩子在学校的每一刻都如同在家般安全；用情关心特殊群体，让他们即便离开了家，也能感受到一个更广阔的家的温暖。

学校，这片育人的圣地，它塑造的是人的素质和灵魂。或许有人会觉得这些是无形的、难以捉摸的。然而，我相信，在有人的地方，这些品质就会被展现得淋漓尽致，它比任何物资都更加实在、更加珍贵。

今年我负责的班级中，一个重组家庭的孩子妈妈联系我，她惊喜于孩子由孤僻封闭到能向家长主动分享学校生活的变化，作为孩子继母的她曾感到无论如何努力，都难以让孩子真心接纳，但现在，她们之间的关系已经发生了翻天覆地的变化。对于孩子在家中情况的转变，我深感欣慰，返校后与孩子进行了深入交谈，孩子感动落泪，与我分享继母的关爱，我们沟通顺畅。此后，其父母频致谢意，对孩子变化及我工作表示高度认可。

总结反思

用心、用勤、用情，这三者构成了我们教育工作的一个完整体系，用心去发现学生的美好，用勤去引领学生的成长，用真情去感化家长和学生。当我们每一位教育工作者都如此用心、用勤、用情地投入到工作中，我们便能共同构建一个充满爱与和谐的美好校园。

37

我的“破圈”之路

廖争艳

背景描述

在过去不久的班主任工作室研讨会上，长沙市教科院周立波主任给我们带来了成长破圈模型，同时对我们抛出了两个问题“目前你在人生的哪个圈?”“如何实现人生的成长破圈?”这两个问题对我触动很大，同时也将我的思绪拉回到了那段风雨兼程、披星戴月的奋斗时光。那一段竞赛经历如同一个加速器，推动着我快速成长，在一圈圈的突破中，我从舒适圈走进恐惧圈，又在迷茫中走进学习圈，经过市赛、省赛、选拔赛、国赛的一次次洗礼，我在成长圈里积蓄能量，奔赴心中向往的自在圈。我想，如果没有这场竞赛，也许我还在自己的舒适圈里对各种挑战性的工作犹豫不决。

解决策略与方法

一、我的“破圈”之路

2023 年，我参加了中职班主任能力竞赛，同时也带领我的学生一起参加了中职学生的技能竞赛。这一年，我在竞赛这条道路上，开启了自己的“破圈”之路。中职班主任能力竞赛于我来说确实是一个不小的挑战，因为在这之前，我连校赛的经验都没有，对于如何赛、赛什么，完全不了解，这是一个全新的开始。

3—6月这段准备市赛的过程是我最为恐慌的时间段，我似乎进入到了自己的认知盲区，由于经验缺乏，我难以适从，焦虑不安。我不知道如何写好我的班建方案，不知道如何有系统、有逻辑地组织我的班会课，更不知道我在竞赛的现场要如何表现。我艰难地依据我仅有的认知和经验走进了市赛的舞台，结果可想而知。赛后，有位评委说，你站在台上把那张讲稿卷起来，又打开，然后又卷起来，我的眼光都在你手上。要不是评委这么一说，我真不知自己在台上做了这些事。可见市赛时候的我是多么幼稚。市赛中，我拿到了二等奖，踩着“尾巴”进了省赛。从市赛回来后，我非常沮丧，因为市赛二等奖获得者还有不需要上现场的评奖选手，我这么辛辛苦苦准备，却得了这不上不下的成绩，然后还要陪着6位市赛一等奖选手去参加省赛，我不就是去当炮灰的吗？这种极大的挫败感充斥着我的内心，让我一度想要放弃。我非常感谢长沙市教科院的周立波主任，她说她相信我是一块璞玉。还要感谢我们学校的德育副校长丁校，没有在我失落的时候给我太多压力，鼓励我尽力而为就好了。为了不辜负导师和学校的信任，也为了不辜负前面3个月的努力，我把自己的市赛材料推倒重来，再次鼓起勇气去挑战省赛。市赛到省赛的这段时间，我将其总结为恐惧中孕育着希望。因为在此段时间，我的班级及我个人都获得了学校的荣誉，另外我指导学生的技能竞赛有了突破，学生拿到了省赛的第一名，并且进入了国赛阶段，这在一定程度上激发了我的斗志，为我的前行之路带来了希望。

在准备省赛现场的7—8月，正是暑假期间，我指导学生的国赛项目也到了攻坚克难的阶段。由于暑假没有教学任务和班级管理的事务干扰，让我更有时间沉下心来集中指导学生和自我学习准备省赛。我和我的学生泡在培训室里，不断地学习、探索、思考、实践。这时我的心态已经与市赛时截然不同，不再浮躁，也不再急于求成。在准备自己竞赛的过程中，我也要努力托举我的学生在国赛项目上取得成绩，因为这关乎学生三年级的升学保送是否成功，也关乎学生家庭的期望。在这段时间里，学生刻苦学习的精神也鼓舞着我不断进取。我们相互支持，互为鼓励。非常开心的是，在那个炎热的8月初，我与我的学生在职教城那个小小培训室里各自创造着自己的精彩。我取得了省赛的一等奖，而我的学生也拿到了技能竞赛的国赛二等奖。正所谓“己欲立而立人，己欲达而达人”，学生的收获与成长为我的竞赛之路又添加了一把动力，也为我后续的国赛准备提供了莫大的支持。其一，是她的获奖成了我班级建设里育人成果的一个亮点。其二，是在国赛班会录制的准备过程中，这位学生以自己优秀的设计能力，带领组员高效完成设计资料制作，全力站在身后支持我，让我无后顾之忧地走在前面。

9月的选拔赛过后，迎来了最为痛苦的国赛准备期。在这期间，我在专家的指导下一遍遍修改着作品，其中班级建设的介绍就做了二十几个版本，并一个个对比，寻求最佳的展现方式。班会的排练，也是在一次次的崩溃中又重来。在这段艰难的时光里，非常感谢学校的团队，不离不弃地陪伴与支持我；也要感谢我班级的孩子们，那么懂事贴心，不厌其烦地陪着老师一遍遍上课；更要感谢专家的全力托举，让我在那段艰难的成长坡道上走到了最后。

虽然，在最终的现场比赛中我只拿到了国赛二等奖，但是于个人而言，这已经是我的最大突破了。而这一年来所带来的深刻感悟、体验与成长，比竞赛结果更有价值。如今，我回归到教学中，有了新的起点，新的方向，在带班的过程中也有了更为理性的思考和更为成熟的处理方式。我不再患得患失，更多一分从容淡定。最近，我带着孩子们一起制订单招升学计划，看着他们一个个规划自己的未来，锚定自己心仪的学校，我感到莫大的欣慰。我与我们班的孩子们在这三年的时光里，从最初的磨合到融洽，再到最终彼此成就，这就是教学相长、师生共进的最佳体现。虽然，我的学生们马上就要毕业了，我与他们共同成长的岁月也接近了尾声，但这份跌宕起伏的经历会永久地留在我的教师生涯，我想，它也会留在孩子们的青春记忆里。

二、我的“破圈”之法

下面是我备赛过程中的关键词，也是我在竞赛中的“破圈”之法，希望能对后面要参赛的老师们起一定的借鉴作用。

(一) 勤学

突破自己认知盲区的第一步就是学习，它是成长“破圈”的武器。具体如何学，我将其总结为三点：读书、归纳和借鉴。

读书：我结合自己日常工作中遇到的问题进行分类，带着目的进行阅读。同时，我会根据书中的观点进行思考，去理解中职学生的特点和我们育人逻辑。有了思考就有了思想碰撞，甚至会有突然绽放出来的灵光，这个时候要及时记录，并加以延伸。另外，在读书中遇到很好的句子或观点，我会摘抄下来，或者直接拍照，用文字识别保存为电子档。我有一个习惯，在睡前会看一看我白天做的那些笔记，并结合带班的实际，像放电影般在脑子里过一遍，去思考种种观点与现实之间的逻辑。

在班主任能力比赛中，涉及的教育理论、教育精神、法律法规比较多，因此我们要去做针对性的归纳。尤其是针对自己的育人理念，做私人订制。如我的班级建设方案是以美育和实践育人为主的，所以我会将关于美育和实践育人的教育理论、教育名言整理成文档，以便查阅。

我觉得借鉴最好的方法就是去网上看历届的国赛一等奖作品。你可以去看看人家的班会是如何组织的，人家的班级介绍是如何展现的，里边有哪些育人特色，又有哪些是值得推广、具有社会价值的。

以上这三个学习方法，无论是读书还是借鉴案例，都要带着自己的主见和思考，提炼自己的观点，这是学习中最重要的部分。正如著名哲学家叔本华所说："不要让你的头脑成为别人思想的跑马场。"

（二）乐行

除了学习，我们还要乐于实践，在实践中寻找真知。在我们带班育人的各种活动中，不论是过去，还是当下，都蕴含着自己一套独特的育人方式和逻辑。比如，我曾经带着学生一起参加过各种各样的作品展，设计过非遗剪纸文创产品，设计过乡村振兴的产品包装，也带着学生去过企业实习，做过酒店宣传项目。这一系列的活动背后逻辑都是依照平面设计专业人才培养要求而来的，也是我作为专业老师特有的育人手段。只是自己在竞赛之前，从来没有去总结梳理过，也没有去作深入的思考。而这场竞赛极大地促动了我总结这些实践活动，并最终提炼出自己的育人理念。

我们在竞赛中如何出彩，如何独具特色，其真理往往就蕴含在自己日常的带班育人实践中。我们要善于去反思、总结和梳理。另外，我们还要善于记录，以便让自己在做材料时有相关的佐证支撑。

（三）善思

前面说"真理往往就蕴含在自己日常的带班育人实践中"，那么思考则是开启智慧、发现真理的钥匙。以我的班级建设为例，在竞赛之前，我所有的育人内容和手段都是完全按照自己作为一名专业老师的直觉和经验去实施的。当我仔细研读中等职业学校德育大纲，并融合本专业的人才培养方案，去提炼育人理念时，才发现我的育人实践中就蕴含着我的育人理念。我将这些素材整理、归类、分析后，似乎一切就在瞬间豁然开朗了。

我把过去做过的那些实践活动，归纳为五个育人方向，因此也就诞生了五色德育模式。五色德育里包含了德育大纲中对思想、政治、道德、法律、心理健康的教育内容，同时也在立足班情的基础上，融合了平面设计专业人才培养发现美、创造美、表现美、传播美的特色。而最后，我的班会录制也是取自五色德育中的实践活动，以平面设计作品展的形式来呈现。我想，这一切的思想交融，理念提炼，逻辑构造，都来源于自己对生活素材和书本知识的深度思考与加工。

总结反思

（一）大赛加速教师成长

本次班主任能力竞赛从3月开始准备，到12月初结束，为期9个月的时间，我从获得市赛二等奖到获得省赛一等奖，最终获得国赛二等奖。这些奖项是我在成长路上的标志性成果。在这些成果后面，是我成长的轨迹。不可否认，竞赛对于教师的成长，有着极大的推动作用；不论是在面对困难的心态磨砺方面，还是对国家教育方针政策研究，竞赛材料撰写、现场表达等方面，都有着质的提升。

（二）大赛推动团队建设

我们学校的名班主任工作室成立时间与我参加竞赛的时间同步，工作室有一支年轻的教师队伍。我们在竞赛的合作中，得到了高速的发展。我们团队成员在一起交流、沟通、协作的过程中变得更为默契。同时，我们也在默契中让这种团队精神、奋斗精神得到了很好的传承。另外，我们依托大赛一起完成了涵盖中职学生爱国主义、行为习惯、劳动教育、心理健康等38项班级活动设计方案；也完成了关于理想信念、家校沟通、职业认同、突发事件等35项情景模拟及教育反思案例。这些奠定了德育资源库建设的基础。另外，我们名班主任工作室依托大赛，每两周一次的管理育人案例分享，也是竞赛衍生出来的成果性活动。

(三)对职业教育的思考

竞赛不仅仅是为了获取成绩，更多的是通过竞赛来带动一批教师、一个团队、一个学校，甚至是整体职业教育的建设与发展。

通过大赛的引领，我们一线教师对职业教育的思考更为深入，教育使命感更强。竞赛过后，我会更多地去思考，作为一名专业教师应如何与时俱进，用新理念、新方法、新策略来有效落实立德树人根本任务，更好地培养德技并修的社会主义建设者和接班人。

38

自我成长，使自己变得优秀

——特别的爱给特别的学生

李平松

背景描述

在教育的广阔天地里，每一颗心灵都是独一无二的种子，渴望着阳光雨露的滋养，以期绽放出最灿烂的花朵。而在这片充满希望的田野上，“让学生心中充满阳光——特别的爱给特别的学生”不仅是一句温馨的呼唤，更是每一位教育工作者肩上沉甸甸的责任与使命。

解决策略与方法

一、自我成长，使自己变得优秀

（一）做一个情绪稳定的班主任

自身情绪稳定，就不会影响他人，甚至伤害他人，在处理问题时不至于使事情变得更糟糕。真正遇到问题时，控制好自己的情绪，才能有效地解决问题，而不是使问题复杂化、产生蝴蝶效应。

本学期家长会前，学生王同学因家庭矛盾，想要代替其母亲参加家长会，起初我对他的行为感到烦躁，但他后续一系列反常的行为，让我意识到不对劲，经询问知其与母亲产生争执，我迅速介入调解，问题得以解决。

（二）做一个积极向上的班主任

我致力于传递正面能量，用我的乐观态度为每一位学生点亮心灯。即便是面对性格内向或偶有抑郁情绪的学生，我也深信，通过耐心倾听、积极鼓励与正向引导，能够逐步打开他们的心扉，让阳光照进每一个阴霾的角落。这样的教育，不仅塑造了学生坚韧不拔的意志，更在他们心中种下了积极向上的种子，让未来的路因这份正能量而更加宽广与光明。

（三）做一个心存敬畏的班主任

作为一位秉持敬畏之心的班主任，我始终将自我高标准、严要求作为行动准则，坚信“身教重于言传”的力量。在学校这一温馨大家庭中，我秉持高度的组织纪律性，以严谨细致的态度投入到每一项任务之中，不断追求自我完善，怀揣着强烈的使命感与责任感，保持一种积极向上、勇于探索的精神状态，为学校的发展贡献自己的力量。

我坚持每日提前到校，以身作则，杜绝迟到现象，并通过自身行动有效带动学生形成良好的时间观念，对于教室及走廊的卫生状况，我在必要时亲自示范，传授清洁技巧，旨在培养学生的环保意识与责任感，共同营造一个整洁、舒适的学习环境。我也在引导学生自律、培养良好习惯的过程中，自然而然地融入“好习惯成就一生”的深刻内涵，使学生们在潜移默化中接受并认同这一价值观，从而促进了他们全面而健康的发展。

（四）做一个心中有爱的班主任

面对学生出现的违纪行为或学业挑战，我始终秉持包容与不放弃的态度。通过构建多维度的教育路径，包括个别谈话、丰富多彩的校园活动以及主题鲜明的班会等，我耐心引导学生反思与成长，为他们提供改正与进步的舞台。

我坚信，教育的本质在于唤醒与激励，只要教师心中装满对学生的真诚关爱与深切期望，这份情感终将触动学生的心灵。即便改变非一蹴而就，但只要能在学生心中播下反思与向善的种子，激发出一丝愧疚与自我提升的愿望，我们的教育便已成功迈出了重要的一步。

二、春风化雨，润物无声

（一）鼓励学生，培养学生的自信心

上学期，我中途接手高二 2103 班，我通过找学生谈话、分寝室谈话、召开班干部会，迅速了解班级学生的情况，我在与学生的沟通中，有意识淡化学生心理问题的存在，不断地强化积极向上、阳光的心态，把镜像效应具象化：你对着镜子笑、镜子里的影像就对着你笑。

彭同学，被认为是心理问题严重的学生。她上课睡觉、迟到的问题屡见不鲜，我找她谈话，但效果都微乎其微，之后我改变谈话方式，她终于对我敞开心扉；此外，我还加强与其母亲的沟通，甚至把其母亲约到学校心理中心，请专业心理老师对其母亲进行同步心理疏导。

另外两个女生的心理问题：唐同学的过度敏感和曾同学的焦虑情绪，我也采用类似的教育方法，缓解了她们各自的苦恼。

当前中小学生普遍存在心理问题，如何应对和疏导学生的心理问题是我们班主任工作的一个难点，针对这个问题，我从自己的工作中总结出以下几点经验。

1. 与学生谈话讲究艺术性

与学生谈话需精准施策，注重技巧，设身处地为学生着想，以避免抵触情绪。深入了解学生家庭、学习现状、目标及思想动态，并持续跟踪记录。积极鼓励学生，哪怕是微小进步也公开表扬，每学期至少与每位学生深谈两次，展现深切关怀。此举虽不能立即提升成绩，但可使学生渐显进步，自信倍增。

2. 对学生进行心理关怀要及时

（1）倾听学生的心声，让学生有倾诉的机会、放下思想包袱。

（2）教育学生学会聆听老师的教诲，感受老师的关爱。

（3）教导学生专注于学习，不受他人言语的影响。

（4）引导学生换位思考，加强正面教育、淡化负面情绪及不良影响。

（二）关爱学生，促使学生进步

韦同学学习认真，但成绩却不理想。因为要照顾因车祸重伤的父亲，他每

日早起赶公交往返学校，耗时近四小时，家访后，我得知其困境，给予经济援助并表达支持。此后，韦同学学习更刻苦，状态显著改善，也更加懂事。身为老师，我们的力量薄弱，但我们尽量在力所能及的范围里关爱学生。

(1)了解学生的日常状况，对学生的异常情况要及时发现并迅速应对。

(2)平时多关心学生的健康问题，激励学生进行运动，爱运动的学生相对而言性格乐观一些、生病的可能性会小一些。

(3)关心学生的心理健康，多与学生进行沟通，让学生有一个健全的心理。

(4)关注学生的学习态度，培养学生学习兴趣，基础差一点不要紧，重点是学生要有一颗上进的心，不断进步。

(三)宽容学生，帮助学生成长

周同学多次违纪，包括旷课、欺负同学等，最终面临停课的违纪处分。其母亲对他失望至极，想要放弃对他的教育，但我决定给予周同学一次改过的机会。经过我的耐心教育，周同学端正了态度，他父母也重新燃起了希望。此后，在我的监督和鼓励下，他有了显著进步，不仅违纪减少，学习成绩跃升至前列，还积极参与集体活动，展现出全新的精神面貌。

看到周同学的进步表现，我觉得我的付出是有价值的，也让我总结了几点应对后进生的方法和措施：

(1)培养学生的守纪意识，不给学生狡辩的机会。违纪就是违纪，解释改变不了事实。

(2)培养学生的责任意识，违纪就必须要接受惩罚。学生知道违纪是要付出代价的，就会有所顾忌，事前掂量。

(3)给学生改错的机会。只要学生认识到自己违纪的错误并有为之改正的行动，那教育的目的就达到一半了。

(4)严格要求学生，培养学生自律意识。虽然短时间内做不到自律，但至少先要有自律意识，再不断强化。

(5)利用活动育人，给学生施展才华的舞台，充分调动学生的积极性。

总结反思

我陪伴学生一起成长，把我的关爱传递给学生，让学生心中充满阳光。看到学生在学校能健康快乐地成长，拥有辨别是非的能力，看到学生有集体荣誉感，积极参加学校的各项活动，看到学生学会感恩，有敬畏感，积极向上、阳光活泼，我觉得自己的付出和努力就是值得的！

39

萤火微光，愿为其芒

林熙乔

背景描述

德育，是一场双向的奔赴。作为一名“新”班主任，如何做好德育工作尤为重要。爱默生曾说：“当一个人知道他的目标去向时，这世界是会为他开路的。”于是我立下目标“一开始就专业地做班主任”。

解决策略与方法

一、欲行远，先正己

正所谓“正人先正己”。我坚持将管理学中的专业理论应用在班级管理中。SWOT 分析法从优势、劣势、机会、威胁四个维度进行分析、归纳，以便清楚地看到自己的竞争力和发展机会，清晰地认识到自己的不足。我通过以上四个层面对自己进行深入剖析，我明白了，我应该发挥自己热爱教育事业、勤于钻研等优势，抓住校内培训讲座、外出学习等机遇，不断扩展眼界，提升自己的专业素养，把资源和行动集中在自身的强项和机会最多的地方，克服劣势。

二、明方向，定目标

认清自己后，只有明确自己的目标，才能找到成功的方向，才能走向成功的道路。就像每个人有着自己独特的容貌、气质一样，班风反映了班级面貌，代表着班级特色，好的班风才能够发挥集体目标的吸引力、集体情感的凝聚力、集体纪律的约束力、集体环境的熏陶力。因此，我把着力打造有进取意识，有创造精神，集正义、勤奋、团结等美德而又有独特风格的班风，作为当班主任的重要目标。

一是坚持把“第一次接触学生”作为关键。接班第一个月，是建立班风大格局的关键期，当确立班级风气的大局。开学时，及时统计调查，包括学生们的基本信息、家庭情况、爱好特长等，快速了解学生们。迅速统筹部署，如排座位、安排值日生、指定临时班委和课代表等，让班级顺畅运转起来。

二是坚持把“夸赞和批评”作为抓手。小细节要观察表扬。我积极发现学生们的闪光点，面广量大地表扬他们——小到捡起地上的纸屑，大到取得了不错的成绩，都会收到我在全班范围内的“夸夸”。这些夸赞不只是面对学生，还面向班集体。对于每一个学生，我都给予他们积极的暗示：我可以从各种层面来肯定每一个学生，但每一个学生都必须知道，我们是生活在一个集体中的，个体是融于班集体当中的，当班集体好了，个体也同样会获得荣誉。小问题要及时批评。当出现些小问题，我也会找他们了解情况，找出动机，再帮他们分析，什么是正确的做法，如果用了正确的做法，又会是什么样的结果，两相对比，学生自然明白自己错误做法带来的结果是非常不值当的。最后，让班上其他同学知道，班级和班级同学优点是大量的、主流的，但并非没有问题，有了问题就需要指出，这就是班级今后需要改进的地方。

三是坚持用好“自己人效应”。“自己人效应”是人际关系中有意施加影响的技巧，是指对“自己人”所说的话更信赖，更容易接受。比如老师处理学生违纪问题，其实就是有意识地影响学生，以矫正学生的违纪行为，如果学生将老师看作自己的对立面，他们就容易和老师对着干，这样不仅会违纪，还会反复违纪。而反观将老师当成“自己人”的学生，即便在违纪后，也会更好地反思自己，尽可能减少违纪行为。一方面，坚持站在学生的立场上说话。让学生感受到老师是真心实意为他们着想，从而拉近师生间的心理距离。另一方面，坚持和学生拥有共同语言。共同爱好与学生的群体归属感具有一定关联。因此，可主动了解学生喜好，主动接纳，搭建起与学生沟通的桥梁。

三、重节点，重活动

一是把握每个节点。早自习：在周天晚自习时，我就会将下一周每天早自习的内容安排，写在黑板上，让学生们能提早准备，进行自我规划，也让他们明白这一周的背记重点。午自习：学校的午自习时间是2：00—2：10，但我发现，几乎三分之二的学生第一节课都容易出现精神不佳的情况，于是我安排了一个午休管理员，规定到时间必须回教室睡觉。在班长、纪律委员、午休管理员三人的监督下，班上越来越多的学生养成了睡午觉的习惯，到期中考试时，几乎全班都养成了准时睡觉的习惯，第一节课上课时整体的精神状态好了很多。晚自习：晚自习下课前，我会让课代表将每天缺交作业的名单公布，并且一个个检查当天任务完成情况，再让他们回宿舍，养成“今日事，今日毕”的习惯。

二是注重每一次活动。把运动会、艺术节等大型活动作为教育学生的最佳时机，对学生进行“应景教育”，往往可以达到事半功倍的效果，能够形成“拧成一股绳”的团结和毅力。在开展班级大型活动全过程中，我尽可能地做到精心策划，发动全体学生积极参与、共同组织，享受快乐，让学生更好地在班集体中找到自己的价值，让每一次集体活动都成为班级班风优秀的催化剂。

四、广结对，传帮带

注重分层教育引导，在班级各层次的学生之间建立广泛的横向纵向联系，让全班学生都动起来，共同打造优良学风。

一是全面“师徒”结对。班级里成绩优秀的学生是宝贵的资源，是打造优良学风的重要力量，于是我选择“师徒”结对的方法。“师徒”结对强调双方自愿，“师徒”之间要保持常态的交流，利用课余时间共同研讨学科学习问题，每个月要对互助情况做一次总结，一次月考后对“师徒”结对的成果进行评估，对效果好的予以奖励。

二是开展学生讲座。让各门学科成绩优异者或者在课外知识上有特长的同学给全班同学开微型讲座，介绍学习经验方法、学习心得感悟，或课外知识，我给予一定的指导。这项举措坚持下来，形成了班级传统，由原来比较随意或零散的行为演变成相对固定的形式，作为主题班会课的方式之一，我们称之为“班级百家讲坛”。

三是让学生上讲台。给学生机会上台讲课，激发自豪感和责任感。锻炼和提高学生的学习能力和表达能力。通过这种换位体验，学生对老师平时的辛苦付出有了切身的感受，这对培养班级尊师重道的风气大有益处。而对于听课的学生而言，他们会感觉非常有趣，提高了学习兴趣和参与热情，虽然“小老师”的水平不一定很高，但因方式独特，更能吸引学生们的注意。

四是制作答疑表。要求学生将不会做的题目写在答疑表上，询问老师后让老师签字，对答疑表完成情况好的同学，在家长群里予以表扬。而到了每次考试复习时，这一张张答疑表也正是他们疑难题的“集中营”，这无疑节约了他们复习的时间和整理的成本，也加强了和任课老师之间的沟通和交流，让任课老师能及时了解和掌握班级学生对课堂内容的吸收情况。

总结反思

“萤火微光，愿为其芒”，身为一名人民教师，我愿化作一点荧光，尽我所能照亮他们前行之路，希望在他们偶有黯淡的世界中，这粒微光可以撕开黑暗，焕发如日光芒，给他们带来温暖和希望。而我们每一位“电子人”，也犹如千千万万的微光，聚集在一起，便可发出如日如炬的光芒，践行“文行忠信”的校训，照亮教育事业的前行之路。

40

在青春的时光里不负春光

宁欢媛

2018年，我从师范学院毕业，被分配回自己的家乡，做了一名农村的基层教师。在那里我遇到了很多可爱的学生，我感受到了他们对知识的渴望，也逐渐明白了做老师的价值。但我常常会问自己：好老师究竟应该是什么样子的？我深知自己的学识还不够、见识还不够、胆识还不够。带着这个疑问，我收拾起行囊，重新出发，来到了湖南大学攻读硕士，认识了更多学高身正的教师和学者，有了更多心灵的感悟。

2022年，党的二十大胜利召开。这一年我就读研二，学校组织大家深入学习贯彻党的二十大精神，我在报告中读到："教育、科技和人才是全面建设社会主义现代化国家的基础性、战略性支撑"。这启示我们文化强国、教育强国、科技强国和人才强国的总体目标已经树立，大国良师们的使命更加光荣、舞台更加广阔。同时，习近平总书记对青年的深情寄语也为我们教师发展道路指明了方向，要"坚定不移听党话、跟党走，怀抱梦想又脚踏实地，敢想敢做又善作善成，立志做有理想、敢担当、能吃苦、肯奋斗的新时代好青年"。

踏实奋斗是当代中国青年声求气应的唯一密码。作为一名青年教师，在党和国家对青年人的关心、重视和爱护下，首先应该树立矢志奋斗、追求进步的理想与担当。我赞同知识能够改变命运，尤其是对于无数像我一样的农村孩子。我想像我崇敬的张桂梅老师那样，用自己的实际行动带动更多的孩子飞出贫瘠的大山，飞往更广阔的天地。在家乡教书的那段日子，每天早上六点我的闹钟准时响起，早自习我陪着学生一起背书，上完课后我就待在自己那间小小的房间里埋头苦读，和他们共同奋斗，奔赴更灿烂的远方。无论是课上还是课下，我都会和自己的学生们分享当代中国青年追求政治进步、身体进步、学习进步的故事，无论是做学生还是做老师，我都一直在躬身践行、阐释宣传这“三个追求”。往往这些与青年人年纪相仿的身边榜样的拼搏经历，更能印证“躺平不可取、躺赢不可能”的朴素道理，更能打动青年人的中国心、激发青年人的向上力，青年人也很愿意与那些“志存高远、学求博深”的同辈中人打交道、做朋友，他们虽然素未谋面，但在奋斗精神上却相知、相识、相通。

实干肯干是当代中国青年欣欣向荣的必由之路。在新时代背景下，经济、生产高速发展，祖国也日益昌盛，呈现出一片欣欣向荣的景象，这离不开前辈们的付出和牺牲，也离不开正值青年的我们。作为一名青年教师，更应该明确自己所肩负的历史使命。新时代给予我们的不仅仅是高质量的教育环境，也给予了我们高标准的教育要求，勇于实践、探求真理，抓住机遇的同时也不畏惧挑战是作为新时代青年教师的重要品质。“教育无小事，事事皆育人”。对于教育工作，应始终秉承从细微小事入手，以良好的言行举止感化学生、以慈母般的胸怀去呵护学生、以诚挚的感情去关爱每一个学生，全心全意、满腔热情为了学生的发展而努力。实干出真知，青年教师只有在学习中实践，在实践中反思，才能使自己的教学研究工作达到一个更高的水平。生于华夏当回报于华夏，泱泱大国人才济济，青年教师要在实干中丰富自己的知识、积累自己的经验、奉献自己的力量，为了中华民族伟大复兴而奋斗，用青春之我创造青春之中国。

练就本领是当代中国青年善作善成的重要法宝。作为一名青年思政课教师，练就本领是根本，强其自身才能成他人之才，每个人都要练就一身本领，才能为学生的成长提供切实的帮助。党的十八大以来，习近平总书记始终高度重视教师队伍建设，并特别对思政课教师提出“政治要强、情怀要深、思维要新、视野要广、自律要严、人格要正”的“六要”要求，指引思政课教师专业素养与育人能力的发展与提升。“政治要强、情怀要深”要求思政课教师提升政治素养和情感素养，认真学习习近平新时代中国特色社会主义思想理论，始终不渝地树立正确的理想信念，以科学理论为指导，督促自己紧跟党中央的步伐；“思维要新、视野要广”要求思政课教师提升知识素养和时政素养，要有知识视野、国际视野、历史视野，用广博的眼界和思想教育和影响学生；“自律要严、人格要正”要求思政课教师提升职业道德素养，要遵守党的纪律，发挥榜样示范作用。思政课教师讲授的是信仰的学问，耕耘的是思想的田野，回答的是时代的课题，担负的是立德树人的使命责任。因此，思政课教师要多研究多琢磨，用心沟通、用情传递，让青年学生对思政课爱听爱学、听懂学会，不断提升育人实效，为实现中华民族伟大复兴的中国梦注入蓬勃的青春力量！

真正的教师是什么样子？“千教万教，教人求真，千学万学，学做真人。”这是陶行知老师的谆谆教诲。“我们培养的学生首先应该是一个全面的人、一个爱国者，一个辩证唯物主义者。”这是钱伟长老师的真知灼见。“只要还有一口气，我就要站在讲台上，倾尽全力、奉献所有、九死亦无悔。”这是张桂梅老师的诚恳誓言。“我很开心通过自己的努力，让母校成为中国独一无二的983大学，不要活在记录里，要为破纪录而活。”这是苏炳添老师的追赶超越。

真正的老师，是心灵的灯塔，以知识为舟，以德行为帆，引领学生遨游于智慧的海洋。他们不仅是学问的传授者，更是品格的塑造者，以身作则，践行着“学高为师，身正为范”的崇高理念。在学生的成长路上，他们是那盏不灭的明灯，照亮前行的道路，鼓励探索未知，勇于面对挑战。正如春风化雨，润物无声，他们用自己的热情与智慧，激发学生的潜能，培养出一代又一代既有深厚文化底蕴，又具备高尚道德情操的社会栋梁。在学生的心中，这样的老师，永远值得尊敬与铭记。

从教书到育人，从个人到家国，从小我到大我，真正的教师，永远可以给人光明、希望、温暖和力量。愿作为青年思政课教师的我秉持这个理念，在青春的时光里不负春光，绚丽绽放。